| 나는 고발한다 |

단역배우 두 자매 성폭력 사건

어머니 장연록의 15년 외침

읽기 전 당부 사항

해당 책에는 성범죄 피해에 대한 묘사와
가해자를 제대로 수사하지 않고
피해자를 겁박한 경찰 및 검찰에 대한 감정이
직설적으로 담겨 있습니다.

이러한 표현은 피해자의 어머니인 장연록 저자가
처참한 피해 상황을 생생하게 알리고,
어미로서의 아픈 심정을 있는 그대로
직설적으로 언급한 것입니다.
하지만, 일부 독자께는 불편함을 낳을 수 있습니다.

이 점 유의하며 읽어주시면 감사하겠습니다.

이 책을 읽을 독자 여러분에게.

이 책을 읽을 독자 여러분에게

 쉽지 않지만, 이렇게 적었습니다. 한 가정이 풍비박산 난 죽음의 내용을 보아주십시오. 기억해 주십시오. 잊지 말아 주십시오. 하루 한 페이지씩만 봐주십시오. 하루 1분씩 만이라도요. 출판사에서 이 책의 출판을 거부하여, 최대한 법에 저촉되지 않는 선으로 완화해서라도 이 내용을 온 세상, 지구촌에 곳곳 알려서 더 이상 억울하고, 더 이상 슬픈 죽음이 일어나지 않길 바랍니다. 더 이상 썩고 썩은 일부 경찰의 만행이 없길 바라는 마음입니다. 그리고 곧 이 억울한 죽음의 사연을 시나리오로 집필하여 만들 것을 약속드립니다. 감사합니다. 소중한 여러분들에게 감사합니다.

목 차

내 딸들은 ○○경찰들이 죽였다 ······ 07

2017년 가해자들에게 제기한
민사소송 판결문 ······ 73

가해자들이 나에게 제기한
형사소송 판결문 ······ 95

가해자, 그리고 원흉과 맞서 싸우다 ······ 112

가해자들과의 녹취록,
그리고 추악한 범죄의 기록 ······ 140

내 딸들은 ○○○ 경찰들이 죽였다

소중한 두 보물의 탄생

 단역배우 두 자매 자살!!! 난 엄마 장연록입니다.
 1975년 10월 14일 큰딸 소라, 보물 1호가 태어났다. 난 며칠 만에 온전한 정신이 들었다. 이유는 거꾸로 태아가 배 속에 있었기에 제왕절개 수술을 했는데 회복이 늦었기 때문이다. 게다가 그 당시만 해도 그렇게 의술이 좋지 않았다. 깨어난 나는 많이 울었다. 하반신 마비라 했다. 내 다리! 내 다리! 그때 울 엄마는 꿈 얘기를 해주셨지. 꿈에 물레(무명실을 뽑아 고르게 실을 뽑는 장치)가 있었는데 실을 돌리고 감고 있는데 실이 또오옥 끊어졌다. 그러다 한참 후에 '실! 실이 붙었다-'고 하면서 꿈에서 깨어 보니 죽었다고 생각한 내가 다시 살았다 하시면서 우셨다.
 그렇게 어렵게 얻은 내 딸 보물 1호가 탄생했다. 난 거룩한 대한민국의 한 엄마가 되었고 열심히 곱게 부지런히 악착같이 키웠다. 생후 100일까지 밤낮이 바뀌어 밤엔 잠을 자지 않고 소라를 꼬박 봐줘야 했다. 그러다 낮엔 세상모르게 잠을 잤다. 100일 잔치를 하는데 난 손수 수수팥떡을 100개를 만들어 이웃에 돌렸었지. 100살 장수하라고요.

소라는 모든 발육이 빨랐다. 이 나온 것, 첫걸음, 호기심. 그렇게 첫돌을 맞이하여 동네잔치를 거대하게 해줬었다. 이후 말 배우기를 시작하면서 남다른 두각을 나타내기 시작했었고, 4세가 되면서 거의 한글은 다 알 정도였다. 영어학원, 한자학원 그렇게 다녔고, 이후 태권도학원을 다니면서 유치원을 보냈는데 유치원 애들에게 날마다 선생님보다 더 많이 책 읽기를 도맡았다.

이후 소라에게 숫자 공부를 가르쳤다. 22, 33, 44…, 그렇게. 그때 소라가 말했다. "엄마, 양이 두 개면 '양십양', 소가 두 개면 '소십소'!" 박장대소였다, 이름이 '양 소 라'였으니깐. 이윽고 드디어 소라는 초등학교에 입학을 하면서 남다른 똑똑함을 보였다. 또한 친구들과 잘 어울렸다. 같은 반 애들 집을 다 알 정도로 함께 놀면서 신발은 거의

다 떨어져서 살 정도였다. 작아서 못 신은 적 없었다. 시험을 보면 올백! 올백을 맞았다.

　그러다 미술학원을 다녔었는데, 그때 여름방학 숙제가 있었지. 시골에 가서 강가! 배경으로 그림을 그렸는데 너무 잘 그렸다. 부모님이 그려준 것으로 선생님께서 오해를 하셨다 한다. 그때 그림은 오래도록 간직했었다. 그렇게 한 학기 한 학년 올라가서 피아노학원을 보냈는데 진도가 너무 빨라 곧 피아노를 사줬지. 3학년 때는 담임선생님께서 선생님의 자부님이 곧 출산을 한다면서 소라 태어난 날짜와 시를 알려 달라고 했었고 손자를 제왕절개 수술을 하시기도 했었다.

　이후 전학을 가게 되었는데 소라가 쓴 일기장들은 소라가 다녔던 청운초등학교에 오래도록 전시되었다. 소라는 전학 간 학교에서도 거의 매일 상장을 휩쓸어 왔었다. 난 학원을 경영하면서 여고 때 스승님께서 자녀분을 내가 운영하던 학원에 보내셨고 웅변을 가르쳤죠. 소라는 주로 반장을 했고, 주산학원, 웅변학원, 미술학원, 피아노학원을 함께 다니느라 일정이 빼꼭히 채워질 정도로 바빴었다.

　4년 후에 태어난 동생 소정은 언니인 소라가 절대적인

존재였다. 그저 언니 따라 곧잘 했었다. 자라면서 예능 쪽으로 관심이 많았고 함께 피아노학원을 보냈는데 훨씬 진도가 빨랐다. 그렇게 뭐든 2개씩 사줬다. 피아노도 2대였다.

 난 학원 사업을 시작하면서 이사간 곳 학교에 전학을 갔는데 소라가 적응이 되지 않아 또다시 청와대 근처 한옥집에 이사 오고, 난 사업장이 멀어졌었다. 그렇게 중학생이 된 보물 1호는 쑥쑥 자라 갔었고 학교에선 소라가 자랑거리였다. 고등학교 역시 명문 여고로 갔었다. 난 중학교와 고등학교 통틀어 학교 부회장과 명예 교사직을 맡으면서 활동했었다.

 그러다 두 딸 모두 고교 졸업 후 대학을 갔었지. 성인이니깐 일체 간섭을 하지 않아도 모든 것 척척 해내며 대학생활을 모범으로 하고 있었다. 보물 2호는 무용을 열심히 했었다. 누가 말했던가? 무용과 출신들은 집안 기둥뿌리 몇 개 뽑는다고. 대학에 가면서 동생은 공부랑 거리를 두게 되었다. 소라는 대학시절에도 장학생이고, 둘째는 공부를 별로 좋아하지 않았다. 소라는 잠자는 것 좋아했었다. 워낙 아이큐가 높았는데, 동생은 자유로운 영혼! 어릴 때에도 방학이 되면 많은 숙제가 있는데 개학 며칠 전 친구들꺼 빌려 밤새 베끼는 데엔 선수였었지요. 그렇게 둘째는 겨우 중학교, 고등학교를 졸업한 뒤에 예술대를 갔었다. 그때 소라는 대학원을 갔었지. 소라는 단 한 번도 지각이나 결석을 한 적 없는 철저한 모범생, 책임감 높은 우리 보물 1호였었지. 두 자매는 학창시절 내내 치마 한 개도 입지 않고, 오직 정장 아니면 거의 티셔츠에 바지만 입었다. 참으로 든든한 딸 둘. 동네의 자랑거리이자 마을의 자랑이었지. 난 세상을 다 얻은 대한민국의 자랑스런 거룩한 엄마라 자부했었고 거만하기까지 했었지. 하루하루가 마냥 행복했었다.

갑작스레 큰딸이 변하다

지금부터 참담하고 참혹한 참척! 단장의 슬픔을 이길 수 없는 날들이 일어난다. 부잣집 막내딸로 태어나서 딸 둘을 키우면서 가졌던 나의 행복은 그날로 끝이 나버렸다.

2004년 어느 날. 난 그날도 열심히 엄마 노릇 하느라 일

상생활이 바빴다. 보물들은 방학이었지. 에너지가 왕성할 때이니 얼마나 하루가 심심했을까? 더운 어느 날, 동생이 언니에게 제안을 했다. 그전에 동생은 종종 다녔었던 단역배우 알바! 일반 알바는 돈을 많이 떼였지만, 그 알바는 그나마 출연한 지 2개월 후에 돈이 주어지는 것은 물론 좀 깎이긴 해도 완전 떼이진 않았다. 어차피 심심해서 용돈 벌이니깐, 그렇게 심심해서 알바를 간 곳이 지금 이렇게 엄마 혼자 남게 된 죽음의 알바였었지.

그 해엔 기억도 하기 싫을 만큼 살인적인 더운 여름이었지. 하지였다. 너무 더워 동생은 택시를 타고 집으로 왔었고, 언니는 맏딸이고 워낙 책임감 강한 아이여서 어차피 집에 가도 쉬니 그곳까지 간 수고!로 남아 있었다고 한다. 지금 생각하면 죽음의 문턱을, 저승길을 넘으려고 했던 것이다. 다음 날 언니는 계속 동생을 내려오라 했고, 소정이와 난 집으로 오라 했었다. 그것이 싸인인 걸 그 누가 알았겠는가! 죽음의 포위망이었던 것이다.

그렇게 변해 갔던 내 큰딸. 어디냐고 전화하면 숙소라 했고, 겨우 통화되면 촬영 중이라 했고, 지방이라 했고 거의 통화는 되지 않았었다. 핸드폰을 빼앗겼다는 것은 훗날 알았다. 집, 성당, 학교, 집, 합기도장, 검도장만 오고 다녔던 딸. 이렇게 세상 물정 전혀 모르는, 알바도 해본 경험이 없었던 큰딸!!!!

 큰딸이 드디어 집에 왔다. 그러나 내 딸은 변했다. 우리가 살던 집은 40평 한옥이었지. 참 넓었다. 그런데 옷을 벗고 왔다 갔다 헤아릴 수 없을 만큼 왔다 갔다 했다. 오죽하면 엄마가 "소라야, 관절염 걸리겠다. 그만 쉬어라."했는데 휙 하고 바라보는 눈빛이 얼마나 무서웠는지 난 더 이상 말을 걸어 볼 수 없었다. 그러자 어디서 걸려 온 전화를 받더니 보따리 싸서 촬영 간다며 나가 버렸다. 돌이켜 생각하면 가해자들이 그 짓 한번 하려 제정신 아닌 소라를 불러내어 강간, 감금을 하기 위해서였다.

 그렇게 수차례 반복되었는데 막을 방법이 없었다. 나가면 통화가 되질 않았으니까. 지금 생각하면 핸드폰을 빼앗겼기 때문이다. 지구촌 엄마들은 누구든 내 자식이 미쳤다 생각한 엄마는 그 누구도 안 계실 것이다. 멀쩡히 논문 준비 중이던 딸이 미쳤다 생각을 감히 했겠는가.

 아! 가슴이 아프고 통증이 온다. 그렇지만 난 이제 세상에 남기고 알려야 한다. 불쌍한 우리 딸들의 억울한 죽음을 이렇게 써서 글로라도 알려야 한다. 그 누구도 한 분이라도 내가 죽고 나면 알 수 있도록 하는 마지막 방법이기 때문이다.

그렇게 몇 개월 후 완전히 변해버린 큰딸. 지금 생각 해보면 어떻게 오늘날까지 숨 쉬면서 이렇게 살고 있는지 내 자신도 이해가지 않는다. 어느 날 느닷없이 "동생을 죽인다, 코 뜯어 버린다, 엄마를 죽인다, 강아지를 죽인다," 고 소리를 쳤다. 나와 둘째는 참 많이도 맞았다. 강아지도 함께. 소라가 제정신이 아닌 거였다. 갑자기 이 방 저 방 거대한 가구들을 여기저기 번쩍번쩍 들어다 옮기는 것쯤은 순식간에 하고, 심지어 강아지와 죽기 살기로 싸웠다. 강아지한테 물려 병원 치료도 했었다. 천장에다 종이를 흰종이를 입자가 큰 눈송이처럼 찢은 뒤, 천장에 뛰어올라 뚫린 구멍에 "첫 번째 강간범이 도청한다"며 붙이려고 했는데 그게 붙나요? 방바닥은 순식간에 종이 눈밭이었다. 그렇게 종일 씨름하다 밤이 돼야 겨우 잠에 들었다. 가슴이 너무 아리고, 후벼파네요.

어느 날부터 쟁반에다 부엌칼로 12명 이름을 부르면서 칼질을 하기 시작했다. 죽여야 한다, 죽여야 한다고. 무섭

기도 하고 두렵기도 하여 쟁반에다 타월을 깔아 주었다. 소리가 시끄러워서, 도통 잠을 자지 않고 계속 칼질을 해댔다. 막내와 난 번갈아 쪽잠을 잤다. 뾰족한 칼끝이 날카로워 난 칼끝을 돌로 구겼었다. 소라가 팔이 아플까 걱정되어 교대로 칼질을 했었다. 얼마 지나지 않아 저주란 것을 곧 알게 되었다.

그렇게 몇 날이 지나고 분이 풀리지 않으면 막내와 날 때렸다. 겨우 막내를 맨발로 대문 밖으로 내보내 경찰에 신고해서 경찰관들과 함께 정신병원 폐쇄병동에 내 보물 1호를 입원시켰다. 밤새워 울고불고 엄마가 할 수 있는 것은 우는 것뿐, 울고 또 울고 몸부림치며 울어주는 것, 면회는 금지되었다. 그래도 난 받아들일 수가 없어 동이 트면 폐쇄병동의 굳게 닫힌 거대한 철문 앞에서 해가 질 때까지 서성이다 집으로 돌아오기를 일주일 동안 반복했었다.

이후 일주일 만에 보물 1호가 좋아하는 치킨과 과일, 빵 등등 이것저것 싸 들고 드디어 면회를 했다. 많이 보고 싶었다. 일주일이 천년 같이 길었고, 끔찍한 고백을 듣기 전까진 곧 쾌유하여 일상생활로 돌아갈 수 있을 줄 알았다. 소라는 일주일간 많이 안정되어 있었고 예전 소라의 모습이었다. 차분하고 여전히 예쁜 큰딸, 반가움보다는 맘 속엔 아리고 가슴 속을 후벼파는 현실. 내 딸과 폐쇄병동에서 마주 앉아 있어야 하는 현실에 난 가슴을 쥐어 뜯었다. 갖고 간 음식들도 별로 먹지 않았다. 슬픈, 아주 슬픈. 지금도 10년이 훌쩍 넘은 이 시간도 잊을 수 없는 슬픈 그 표정. 현실에서도 단장의 슬픔으로 몸부림칠 뿐이다. 그 날의 슬픈 그 표정으로 주야로 괴롭기만 할 뿐이다.

잠시 후 소라가 말했다. "엄마아. 나 성폭행 당한 것 같타아." 온몸에 기운이, 그러니깐 힘이 쫘악 빠져 버렸다. 나의 뇌는 얼얼 하얗게 되었다. 난 반문도 하지 않았다. 그날의 대화는 그렇게 주어진 면회시간 동안 침묵 그 자체였었다. 그날은 머릿속이 뇌가 멈춰 버린 상태였다. 아깝고 소중한 소라를 병동에 남겨 둔 채 집까지 오긴 했었다. 하루가 지나고 그렇게 난 말라 가기 시작했다. 바싹 마르기 시작했다. 새벽이면 소라는 공중전화로 병동 생활을 알려주었다. 난 생업을 포기하고 날마다 면회를 가기 시작했다. 만나면 주로 듣기만 했었다. 소라는 이런저런 이야기를 들려주었다.

주치의 미팅도 있었다. 더욱 충격적인 것! 내 딸 보물 1

호가 매독에, 그러니까 성병에 걸렸다. 고름이 너무 심해 몸이 망가지고 있다고 했다. 그런데 소라는 인식을 하지 못했다. 속옷이 고름에 흠뻑 젖는 데도 인식을 못 하는 환자가 되었단다. 주치의 권유로 서대문 큰 병원에 다니면서 병행치료를 다녔고, 이후 한 달 만에 퇴원했다.

내 가족들을 죽인 원흉, 경찰 ○관○

시작이다, 그때부터 시작이다. 대한민국의 엄마 모성애로 본격적인 엄마 노릇이 시작되었다. 파란만장한 세상 속으로 들어간다. 법! 대한민국의 법! 철옹성 같은 카르텔의 틀 속으로. 계란으로 바위 치기는 시작이다. 지금도 그렇다. 거대한 바위에 낙수를 난 뚫고 있다. 과거에도 현재에도 앞으로도 뚫을 것이다.

유전무죄, 무전유죄. 그동안 대한민국의 자랑스런 두 딸의 엄마로서 거룩한 엄마로서 살았다. 그러나 딸을 낳으면 그 전까지는 알 수 없었던 세상을 접한다. 평범한 여성이, 보통의 여성이 평범한 엄마로서 딸로서 살 수 없는 세상을 접하게 된다. 여성이 평범하게 알바 다니고 여성으로서 설 자리는 없고, 수동적인 존재로 취급되는 것이 이 세상임을 알게 되었다. 왜? 남자 아들을 생산해야만 하는 것 또한 알았다.

그렇게 기억을 한 조각씩 모아 모아 고소를 하기에 이르렀다. 주야로 뛰었다. 어느 단체 어느 기관에 문을 안 두드린 곳 없었다. 일단 종로경찰서에 고소장을 접수는 했었지. 그때 당시 종로경찰서엔 젊은 형사들이 있었다. 장담을 했었지. 심신미약, 항거불능 등등. 난 의학 용어, 그 이외에 법 용어들을 접하기 시작한다. 100%로 승소한다고 생각했다.

그 후 날이면 날마다 법률구조공단으로 시작해서 여기저기 문을 두드렸었다. 하지만 집! 집이 있어 도와드릴 수 없단다. 시작도 하자마자 난간에 부딪히고 말았다. 예전이나 지금이나 집! 집!이 높은 장벽이었다. 이후에는 단체 변호사들 교대로 무료 상담하는 곳을 찾았다. 변호사마다 선임료가 모두 달랐다. 절박해서 찾았는데 그리고 매일매일 상담하는 변호사들이 바뀌었다. 500만 원에서 1억 2천만 원. 그렇게 수 회 상담 끝에 조○일 변호사님과 목동 사무실에서 미팅하여 계약을 했었다. 그 후에도 여성단체란 단체는 다 찾아다녔고 인권위원회 어디라 할 것 없이 모조리 문을 두들겼다. 난 너무 말라 몸무게가 30kg대로 내려가서 마른 다리 힘! 없는 다리! 엄마란 이름으로 끌고 끌며 절룩거리면서 다녔다.

지금은 여성단체들이 한 목소리 내지만 그때는 사무실들도 초라했고 무척 초라했었다. 자금! 자체도 열악하고 빈약해서 도움을 받을 수 없었다. 어느 곳에서는 형사 한 분을 소개 해줬는데 몇 번 미팅 후 연락 두절, 지금 생각해 보니 경찰들이 엮여 있어 연락을 끊었다는 걸 알게 되었다. 인권위는 경찰에 고소된 건! 은 맡을 수 없다고 했다.

그렇게 오만 곳을 헤매고 다니는 동안 어느 날 ○○○경찰서에서 전화가 왔다. 오란 말 한마디 하고 끊었다. 지금 생각하면 그 전화는 네 죽음의 그림자가 드리워지는 한 통의 전화!

그리고 갔었지. 지금도 이 순간도 손이 부들부들 떨리고 숨이 턱턱 막힐 지경이다. 내 가정이 풍비박산되는 시작이었다. 그 이름 석 자, 원흉의 이름 ○관○, 성폭행은

12명한테 당했지만 죽인 것은 ○○○ 경찰이다. 내 딸들을 다 죽인 원흉!

　물어물어 ○○○경찰서에 찾아갔다. 왜 사건이 ○○○경찰서에 옮겨졌는지는 훗날에 내 가족 3명이 다 죽고 난 후에 알았다. 가해자들이 다니는 회사가 그쪽 관할이라서. 조사실에 들어갔는데 그야말로 도떼기시장을 방불케 했다. 좁은 공간에 나지막한 칸막이에서 여기저기 이곳저곳 육두문자와 고성이 울려 퍼져 경찰서 사무실에 들어선 나를 이성을 잃게 할 정도였다.

　난 ○관○ 형사를 찾았다. 손으로 가리키는 곳으로 다가가서 누군지 밝힌 순간 세워둔 채로 흰 봉투들 한 뭉치, 한 꾸러미를 내리치면서 이것이, 이 안에 들어있는 편지 내용엔 "전혀 사건이 안 된다"며 소리를 고래고래 질렀다. '미친 사람'이라는 단어가 딱 어울리는 존재였다. 사탄보다 더 한 악마란 단어도 모자란 ○관○!

　그는 나더러 집에 가서 모든 메모지랑 증거될 만한 것들 한 트럭으로, 모자라면 트럭 5대를 보내 줄 테니 갖고 오라며 나를 자기 앞에 세워둔 채로 몰아붙였다. 난 다리에 힘이 풀려 주저앉아 울었다. 재수 없다 가라 했다. 그리고 그는 민원실을 지나쳐 다시 안으로 들어갔다. 울고 있는 나를 민원실 담당이 30분 후면 퇴근한다며, 기다렸다 차 한 잔 하자 해서 기다렸다.

어느 다방에 들어갔다. 2시간 정도 그 원흉 얘기와 진정서 내고 형사 교체하는 방법을 말했다. 민원실 담당은 그 형사가 ○○○경찰서에서 젤 악명 높은 형사라며, 그렇게 이런저런 얘기를 하다 난 지쳤다. 민원실 담당은 찻값은 나보고 내라고 했다. 그 나물에 그 밥이었다. 얻어먹는 것이나 가르치고, 그것이 잘된 경찰 교육이죠. 어둑어둑 맘도 슬프고 몸도 지치고 집까지 와서 서럽게, 서럽게 울었다. 여전히 보물 1호는 정신병원 폐쇄병동에 입원 중이었으니까.

그렇게 한 가정의 파탄이 시작되었다. 그날부터 난 소라 방에서 성당에서 받은 앉은뱅이 달력, 다이어리에 메모한 것들, 낱 종이에 적힌 메모들 모두 챙겨 원흉이 오라는 날짜에 갔었다. 도착한 날 보더니 메모들을 달라고 해서 건넸는데 갑자기 가지고 간 메모, 달력들을 책상에 내리치면서 이것이 사건이 된다 생각하느냐고 했다. 내가 기억하기론 40분 정도 내리쳤다.

"12명 인생을 망치려 작정을 했다." "12명을 전과자 만들려고 돈! 뜯어내려고 고소를 했느냐"면서 얼마나 소리! 소리! 를 쳤는지 사무실 조사하던 형사들과 피고인들이 일제히 업무를 멈췄었다. 원흉은 옆 대각선에 옷걸이에 회색 타월을 잡아 손에 쥐더니 얼굴에 땀이 흘러 그 타월이 다 젖도록 땀을 닦아대었다. 기억이 지금도 그때 일로 생생하다.

난 정신이 혼미해졌다. 살면서 그토록 야단을 큰소리로 다른 사람들 있는 장소에서 이유도 모르고서 야단을 맞은 적 단 한 번도 없었다. 다리에 힘 풀려 주저앉아 울었더니 재수 없다며 가라 했다. 소라가 병들어 폐쇄병동에 입원했는데 엄마로서 할 수 있는 것이 한계에 부딪쳤다. 그 후 경찰서장께 진정서를 넣었다. 담당 경찰관 교체해달라고. 또 한 차례 ○관○에게 전화 왔다. 피해자의 병원 진단서 떼어오라 했다. 난 떼어갔다. 이미 죽음의 그늘은 서서히 다가오고 있었는 말이다.

진단서를 떼어 갔는데 난 공손하게 자식 일이니 인사를 했다. 세워 둔 상태로 만약에 지금부터 "아줌마 몸 뒤져서 녹음기가 나오면 바로 구속시킨다"고 고함을 쳤다. 이전과 똑같은 행위가 시작되었다. 소라의 진단서에 급성 외상후 스트레스, 비특이성 성격장애(배제)라고 적혀 있었다. 이 모든 것은 물론 강간당한 후에 생긴 병명이다. 난 의학 용어를 전혀 모른다.

그런 상황에서 ○관○의 스킬이 나왔다. 정신을 잃게 하는 그 특유의 스킬! 나보고 비특이성 성격장애를 설명하란다. 내 기억으로는 30분 정도 책상을 내리쳤다. 그전에 병원을 내원한 적 있었다. 어느 날 많은 책들을 정리하느라 버린 줄 모르고 어질렀다 생각했다. 지금 생각해 보면 괜한 짓을 한 것이었다. 대한민국은 병원 한 번 잘못 내원하면 그것이 기록이 되어 이렇게 한 가정이 풍비박산이 나고 마는 것이다. 이것이 대한민국이라는 것을 난 내가 죽는 그날까지 세상에 알리고 알릴 것이다.

원흉에게 실컷 괴성만 듣다가 "돈 뜯으려고 고소했으면 내가 합의 시켜주겠다"란 사탄의 악마 소리를 뒤로한 채 또다시 소라가 입원한 병원엘 들러 기진맥진하며 집으로 왔다. 이곳저곳 도움을 요청하러 다녔다. 그 사이에 원흉은 또 전화를 걸었다. 피해자의 통화 기록을 떼어오란다. 이때 즈음 소라가 퇴원했었다. 우리 세 모녀는 충정로에 갔었다. 원흉은 통화 기록을 6개월치 떼어오라는데 말도 안되는 소리이다. 소라가 일했던 기간은 3개월이다. 그것도 소라가 걸었던 것만이다. 그런데 ○관○은 피해자에게 걸려온 것도 6개월치 떼어오라고 했다. 갖고 갔는데 가관이었다. 원흉은 기고만장을 부리며 이야기를 했다. 정신병자가 전화를 많이 했다. 미친 것이라고.

원흉, 가해자의 편을 들기 시작하다

그러던 어느 날 갑자기 원흉은 다른 사람이 되어있었다. 앉으라 했다. 목소리도 가라앉았다. 그러더니 소라에게 이런 말을 하기 시작했다.

"소라야, 얼른 나아야지. 그리고 사회에 얼른 적응해야지. 12명 전과자 만들면 되겠니. 돈이 필요하면 합의금 받아줄게, 회사 사장한테! 그리고 뭘 12명 갖고 그래, 서로서로 즐거웠잖니. 성인이니깐 사건이 아니 된다. 588 가면 하루 30명 상대해도 돈 벌고 자가용 끌고 다니는데. 또한 어느 슈퍼집 딸은 강간당해 미쳤었는데 소나기 지나가듯 지금 치료 다 받고 부모님 돕는다. 어쩌다 슈퍼 지나가면 음료수도 주더라."

갑자기 소라가 스트레스 받는 것 같았다. 그래서 집에 간다 했더니 ○관○이 돌변했다. "당신 세 모녀 꽃뱀이냐" 그는 막말을 하기 시작했다. 우린 식겁하고 말았다. 다시 ○관○의 본색을 보고 만 것이다. 그저 조사 하는 줄 알고 갔다. 그러나 그는 수 회 오라 가라 했었지 조사를 하지 않고 호시탐탐 고소취하서 작성할 기회만 찾았었던 것이다. 당연히 오늘날 원흉이 꾸민 조서가 조금밖에 남아 있지 않은 것이다.

아! 아! 그날 그렇게 소라는 집에 와서 며칠을 울기만 했다. 약 먹고 자고 식음을 전폐하고 울기만 했다. 계속 원흉은 통화 기록을 가지고 괴롭히는 움직임과 고소 취하서 작성에 대한 요구는 계속되었다. 그러나 딸이 만든 휴대폰의 모든 명의는 엄마였다. 세 모녀는 계속 통화 기록을 떼러 통신사에 여러 번 갔었지만 통신사는 상대 것은 뗄 수 없다 했다. 하지만 원흉은 계속 상대방이 통화를 건 내역을 달라며 괴롭히고 괴롭혔다

그러던 어느 날 큰애랑 작은애를 오라 해서 우리 세 모

녀는 갔었다. 성추행범인 ○태○은 큰애도 성추행, 그리고 작은애도 성추행을 했기에 함께 고소했었다. 우린 그 범죄를 조사한다 하여 갔었다. 그런데 원흉은 조사는커녕 죽음의 말만 하기 시작한다. 소라에게 이런 말을 하기 시작했다. "소라야, 고소해봤자 재판해 봤자 이 사건은 질 것이 뻔하다. 취하해라, 취하해라. 성인이니깐 사건이 아니 된다."

  이토록 여러 날 경찰서를 왔다 갔다 하는 동안도 담당은 바뀌지 않았다. 그렇게 경찰서를 여러 번 다니는 동안 변호사 선임계가 제출되면서 조사한다 오라 했다. 그런데 변호사랑 나더러 소라를 남겨둔 채 3분 정도만 밖에 나가 달라고 하더니 원흉은 어떤 곳으로 소라를 데리고 갔었다. 시간이 3분, 5분 그렇게 흐르자 나는 아픈 소라가 걱정되어 문을 열었더니 사건이 이미 벌어졌었다. 소라는 웃고, 울더니 원흉에게 잡힌 팔과 손목(손가락)을 빼려고 몸부림치고 있었다. 원흉에게 이미 내용이 적힌 A4 용지에 하여금 책상에 놓여진 인주통에 소라의 손가락을 묻히더니 용지에 지장을 찍으려고 했다.

  얼핏 용지를 보니 고소 취하서였다. 지금도 가슴이 벌

렁벌렁 뛴다. 너무 흥분하고, 분해서 취하서를 빼앗아 찢었다. 돌이켜 보면 변호사께 건네줬어야 했다. 그저 당시엔 내 딸이 중요했다. 난 소라를 데리고 나와서 변호사님 차에 태워 집으로 왔었다. 그렇게 소라는 며칠을 식음을 전폐하다시피 울기만 했었다. 또다시 소라는 병이 재발하여 병원에 입원했다. 그날의 만행은 눈감는 날까지 용서할 수 없다. 수 회 오라 가라 조사를 하지 않았다. 제대로 된 수사 기록이 없을 수밖에 없다.

  이후로 꽤나 시간이 흘렀다. 어느 날 오라 해서 갔었던 그날, 그것이 조사했던 짧은 기록이 사건 수사의 전부다. 난 원흉을 2번이나 고소했었다. 물론 끼리끼리 그 나물에 그 밥이라지 않던가. 원흉은 무혐의 처리되었다.

  이후 조사관이 교체되었다. 그러나 그 역시도 오라 해서 갔더니 제대로 쳐다도 보지 않은 채 서류뭉치를 던지면서 이것이 사건이 된다 생각하느냐며 세워 둔 채 나를 다시 몰아세웠다. 난 돌아오면서 또다시 진정서를 냈다. 그렇게 바뀐 수사관인 ○태○이 오라 해서 갔었다. 뚱뚱하고 흰 셔츠를 입은 ○태○. 그는 쳐다보지도 않고 세워 둔 채 서류뭉치를 집어던졌다. 역시 같은 말을 했다. 그들은 앵무새! 난 한마디만 여쭙겠노라, 그렇게 생각해 한 마디 꺼냈다. 왜? 이 사건을 원흉이 맡았냐 했더니 ○태○왈! 맡은 것 아니고 가해자들이 너무 많아 ○○○경찰서 전체 회의를 했는데 역시 악명높은 원흉이 손을 들어 맡아서 처리한다고 말을 했다고 한다.

○○○ 경찰은 우리의 목소리를 듣지 않았다

그렇게 또다시 청문감사실에 진정을 넣었는데 이번에는 ○성○이라는 여경이 사건을 맡았다. 그러나 그 이후로 본격적인 저승길로 입문, 염라대왕을 면접하고 오늘날 비운의 엄마가 될 줄을 누가 알았으랴. ○성○이 소라의 입원진단서 떼어오라 제출하고 퇴원 후에 오라 해서 변호사랑 갔었는데 어두컴컴한 계단을 한참 돌아서 올라간 곳은 3층 건물 안이었다.

그때를 생각하면 1초도 난 숨 쉬는 것이 부담스럽기만 하다. 가슴이 아프다, 따갑다. 그러나 세상에 지구촌에 땅끝까지 단 한 분이라도 불쌍한 우리 딸들의 억울한 죽음을 알려야 한다. 아니, 알아달라. 단 한 줄이라도 그 어느 분께서 읽어주시길 바라며 내가 죽은 훗날 어느 후미진 구석, 도서관 한 귀퉁이에 역사이자 신화로 남겨지길 소원하면서 아픈 맘을 가슴 속을 후벼 파면서 이 글을 적고 있다. 나이가 많으니 이쯤엔 집필을 해야겠기에 이렇게 쓰고 있다.

아무튼 ○성○이 오라고 한 날은 꽤나 추웠다. 칸막이도 없는 곳 작은 사무실에 우리 3명(변호사, 소라, 나)을 조그만 문 안쪽 창고 같은 곳에 넣어두고 고장 난 난로가 있는 곳에 겨우 쪼그리고 앉을 수 있는 공간에, 한마디로 쳐박아 넣었다. '임시 조사실'이라는 말이 붙은 작은 공간에는 그제야 PC를 설치하느라 분주했고, 그사이 아픈 내 딸은 불안과 추위에 떨어야 했다. 꽤 많은 시간이 지난 후에야 누군가가 왔다. ○성○이 소라한테 먼저 질문을 하고, 그 답변을 타이핑하는 것으로 조사가 시작됐다.

○성○은 "이 사건은 어머니께서 여러 번 진정을 넣어 조사를 진행한다." "어머니!!! 사건이 안 되는 것 아시죠. 그냥 워드 쳐서 기계적으로 조사는 합니다"라고 했다. 그렇게 나, 소라, 가해자 3명이 함께 조사를 했다. 하지만 가

해자의 목소리와 얼굴이 다 보이고 들리기 시작하자 소라는 상태가 갑자기 나빠졌다. 약 먹고 쉬게 해달라 해서 약 먹이고 3분 정도 쉬었다. 주로 가해자는 잡아떼고 ○성○은 소라에게만 질문을 했다. 너무 추웠고, 소라가 퇴원한 지 며칠 되지 않아 첫날은 그렇게 끝냈다. 후회하고 후회한다. 땅을 치며 가슴을 쥐어뜯으며 후회한다. 내가 왜? 왜? 고소를 했었을까?

참석한 변호사와 함께, 그날도 소라는 집에 와서 많이 울기만 했었다. 며칠이 지나 다시 오라고 했다. 누군가가 왔다. 가해자만 12명이니 정확한 차례는 기억을 할 순 없다. 한마디로 대면 조사다. 그날 온 가해자는 ○한○. 난 그의 배를 찼다. 그가 아프다며 ○성○에게 일렀다. ○성○은 나를 나무랐다. 난 ○한○ 더러 고소를 하라고 했다. 잠시 후 ○한○는 잡아떼고 소라한테는 증거를 대라 한다. ○성○은 소라한테는 그렇게 말을 해놓고서는, ○한○에게는 화장실 갈 시간이며 휴식시간, 자유시간을 많이 줬다.

그렇게 기계적으로 조사를 마쳤다. 그리고 며칠 뒤 또 오라고 했다. 갔는데 가해자는 오질 않았다. 바쁘다며 펑

크를 냈다. 우린 그렇게 펑크를 자주 낸 것에 익숙해졌다. 경찰서에는 냄새도 참으로 많이 났다. 그래도 참았다. 왜냐면 변호사가 이런 말을 했기 때문이었다. "경찰서에선 변호사가 할 것이 별로 없습니다. 경찰 조사 끝나 검찰에 가면 소라는 옆에 있기만 하면 됩니다. 그리고 민사까지 함께하면 승소할 수 있습니다." 그렇게 변호사는 우리를 여러 번 달래고 응원과 용기를 주었다.

어느 날 가해자 중 한 명인 ○요○(○도○)이 대질조사 왔었다. 난 뛰어가 그의 따귀를 때렸다. 하지만 ○성○은 오히려 가해자를 보호했다. 그리고 조사 중 도○이는 이런 말도 안 되는 말을 남기며 키득키득 웃어대었다. "합의하에 서로 사랑을 했습니다." "여자들이 유부남을 많이 좋아하더라고요. 유부남들은 인기가 좋습니다." 물론 ○성○이도 함께 웃었다. 그리고 소라보고 '사카시'라며 상스럽고 저질스러운 성적인 말을 내뱉더니, 더욱더 웃기 시작했다.

그다음에는 ○성○이가 성관계했던 것을 묘사하라 했다. ○요○이 더, 더 자세히 묘사를 하라면서 ○성○이와 ○요○이는 키득키득, 낄낄거리며 웃었다. 그 소릴 듣고

소라가 상태가 갑자기 안 좋아져서 내가 약 먹이고 휴식 시간을 달라고 했다. 그런데 ○요○이가 화장실 다녀오고 담배 피운다. 커피 마신다는 핑계를 대며 조사실 밖을 들락날락하다 소라와 나랑 또 마주쳤었다. 그런데 ○성○이는 내가 또 때릴까 계속 4번째 강간범인 ○요○을 보호했었다.

그렇게 그날 힘겹게 조사를 끝냈다. 그리고 그 이후 가해자랑 피해자가 뒤바뀌어 조사한 것이 분명해졌다. 계속 소라더러 피해 사실을 증명해라, 피해에 대한 증거를 대라, 사실이냐고 되묻는 식이었다. 소라가 어떻게 살 수 있었겠나…. 이게 바로 당시 경찰이었다. 그리고 살인적인 강압적인 수사였다.

어느 날 또 다른 가해자 ○애○이가 왔다. 샛노랗게 물들인 머리를 했던 그는 내가 때릴까 봐 경찰이 3층 입구에서부터 마중 나와 보호했다. 그리고는 그 쓰레기 창고 같은 조사실에 소라랑 함께 들어가게 했다. 그리고 다시 똑같은 대질 조사를 진행했다. ○애○이는 잡아떼고 거꾸로 소라한테 계속 증거를 대라고 했다. 그렇게 그날 조사는 끝났다.

그러던 또 어느 날은 첫 번째 강간범과 대질을 한다고 해서 변호사님과 동행했다. 역시나 ○○경찰은 철저하게 첫 번째 강간범을 보호했다. 옆에는 어떤 남자까지 붙였다. 혹 내가 때릴까 해서. 첫 번째 강간범은 소라를 만난 적도 잔 적도 없다 잡아떼었다. 소라는 열심히 당시의 상황들을 설명했다. 너무 힘들어하니 변호사님이 그만 얘기하라 했다. 집에 돌아와서 소라는 복용하던 약의 양이 배로 늘었다. 썩고 썩은 조사관, 불쌍한 내 딸 소라. 당시 경찰의 썩고 썩은 수준이여. ○○경찰 ○성○이여.

가해자만 무려 12명인데 거의 다 바쁘단 핑계로 대질은 빠르게 끝이 났다. 이후 가해자들이 보낸 편지를 살펴보는 것으로 조사는 마무리라고 했다. 죽음의 문턱은 그 후 본격적으로 시작되었다. 경찰은 도떼기 같은 사무실로 다시 오라 했다. 허나 아픈 소라를 제대로 나을 새도 주지 않고 조사가 되겠는가? 소라만 계속 지금 자기가 말하는 것이 무엇을 위한 진술인지, 어떤 조사인지 묻고 또 물을 뿐이었다.

○성○은 소라한테 "왜 ○택○한테 강간당할 때 탈출하지 않았냐?" "왜 신고하지 않았냐?"며, "당신에게는 공간

개념이 없었다"며 공간개념이 없었다고 자백하라를 30번 넘게 강요와 협박을 했다. 그 때문에 소라가 울자 내가 그만하자며 집으로 왔었다. 그때 내가 이 엄마가 취하를 했어야 했는데, 자식을 지키지 못한 죄인이 되었다. (이 글은 며칠에 걸쳐 적고 있다. 상처를 다시 헤집어 내니 아픈 상처에 소금뿌린 것 같은 아픔이라 하루에 아주 조금씩밖에 적지 못하고 있다.) 어느 날 경찰은 다시 우리보고 오라 했다. 그런데 집중적으로 첫 번째 강간범에 대해서만 물었다.

이쯤에서 여러분께 알리고 싶은 말씀이 있다. ○○○경찰서에는 특징이 있었다. 바로 수직 관계다. ○성○ 조사관은 수시로 "사건이 안 되는 것 아시죠? 어머니께서 여러 번 진정서를 내니 그냥 워드 쳐서 검찰에 넘기는 작업은 해드립니다"라고 했다. 그런데 가해자들을 제대로 조사하지는 않았다. 소라한테만 조사하고 묻고, 다시 캐묻고 조사관들이 원하는 대답을 30번, 40번씩 되묻고 묻는 것이었다.

성범죄 피해자에게 수치심만 주는 경찰들

조사는 원흉에게 12마리의 강간범들이 편지로 보낸 글들로 거의 마무리 단계에 놓였다. 소라는 수차례 입퇴원을 반복하는 가운데 경찰은 2년 가까이 오라, 가라고만 했다. 아무리 자세히 말을 해도 ○○○경찰은 소라만 못 살게 죄인 취급했다. 그렇게 몇 시간이 지나 난 "소라를 집에 데리고 가야겠다"며 나올 기색을 보였더니 경찰은 A4 용지와 플라스틱 줄자를 주었다. 크레파스는 나더러 사라고 했다. 그러더니 "첫 번째 강간범의 성기를 색깔, 둘레털 색깔까지, 둘레는 밀리미터까지 자세히 그려 오라."고 했다. 지금 생각하면 ○성○에게 귀싸대기를 날렸어야 했다. 이런 것이 당시 경찰의 수준이다.

이런 상황에서 소라가 어떻게 살 수 있었겠는가? 이런 상황이라면 누가 살 수 있었겠나? 모든 수치심을 견디며 경찰 조사만 끝마치면, 검찰까지만 가면 변호사께서 승소할 수 있다 하여 모든 것을 참았다. 경찰에게 말도 안 되는 지시를 받았지만, 소라는 며칠 동안 울면서 병마와 싸우고 독하디 독한 약을 복용하면서 지시한 것을 그렸다. 그렇게 겨우 그려낸 것을 ○성○한테 제출했다.

그러자 ○성○은 그랬다. 필시 원흉한테 지시받은 것이다. 그것이 매뉴얼이며, 그것이 시작이다. 가해자 중 단지 몇 명만 대상으로 한, 피해자에게 살인적인 대질은 끝났다. 이후에는 소라 혼자만 끊임없이 진술을 해야만 했다. 어느 날 당직이라 사무실에 아무도 없다며 오후에 오라 했다. 어두컴컴한 칸막이로 둘러쳐진 책상 앞에 앉았다. 도떼기 시장 같았던 사무실이 적막했고, ○성○이 살인적으로 소라한테 질문과 증거를 대라 했다.

아픈 소라는 조용히 아주 차분하게 사실을 얘기하던 중 갑자기 주위가 소란스러웠다. 그날은 형사들이 체육대회를 한다고 했다. 이 쑤시는 사람, 트림하는 형사들, 고성으로 노래는 부른 사람… 주변에서는 "어이 ○ 형사! 미인이 없으니 체육대회 재미없었어."라는 말이 들렸다. 그 말과 함께 형사들이 우르르 들어왔는데 족히 20명은 넘었다. 몇몇 형사들이 소라랑 나랑 함께 앉아 있는 칸막이에 어깨를 걸치고 팔뚝을 흔들며 소리쳤다. "어이! 아가씨인지 아줌마인지 12명 상대한 얼굴 좀 보게 모자 좀 벗어봐" 술 냄새, 담배 냄새를 풍기며 트림까지 꺼억 하면서 큰 소리로 떠들었다. 소라는 급기야 놀랬고 수치심으로 소리를 질렀다. 도저히 참을 수가 없어서 난 그만하겠다고 하니 ○성○이가 조금만 더, 조금만 더 하면 된다고 계속 진술하라 했다. 잔인하고 나쁜 년! 악마 같은 년. 너는 인간이 아님을 그때 알았다. 내 딸은 아가씨도 아니요, 아줌마도 아니요, 대학원생이었다.

그렇게 피해자를 수치 주는 진술을 참을 수 없어 집에 간다고 하고 뛰쳐나왔다. 소라가 순식간에 ○○○경찰서 앞 6차선 도로에 뛰어들었다. 난 전쟁을 겪진 않았지만 저런 것이 전쟁이고 천당과 지옥이 저런 것이구나 생각했다. 머릿속이 하얗게 되었다. 난 내 딸 소라의 삶이, 생명이 끝이 나버렸구나 생각했다. 그런데 사방에서 불빛과 경적 소리가 나의 이성을 찾게 해 주었다. 내 딸 소라의 모습이 보였다. 소라는 지그재그로 달려 건너편에서 나를 바라보고 있었다. 그때, 그날, 그 장면은 내가 저승에 가서도 소라를 만나면 생생하게 들려주고 싶다. 그 순간은 소라가 탄생하던 내가 마취에서 깨어나 소라와 첫 만남의 순간과 다를 바가 없었다.

그렇게 세상 차주님들께서 그날 내 딸을 살려 주셨다.

난 언젠가 집필을 완성하면 꼭 그날 내 딸을 살려 주신 그분들께 고맙단 말씀을 꼭 쓸 것이라고 생각했다. 지금도 고마움과 감사의 말씀을 다시 한번 드리고 싶다. 그 후 3년 넘게 내 딸 소라를 더 보고 함께 살 수 있었으니까. 다시 한번 감사 드립니다.

 그 직전 소라는 다시 한 달을 넘게 치료를 받고 퇴원해서 좀 괜찮아진 상황이었다. 허나 소라는 그날의 충격으로 또다시 폐쇄병동에 입원하고 말았다. 원흉을 고소했던 것은 전부 무혐의로 처리됐었다. 그렇게 그때 당시 원흉은 사건을 덮으려고 갖은 수단을 동원하느라 사건에 대한 조사록은 없다. 원흉은 그저 몇 분 조사했던 게 전부이다. 또한 그 많은 증거물, 그러니까 소라에게 수없이 떼어 오라 했던 각종 서류, 내 딸이 제출한 수많은 메모지와 녹음 테이프, 그 많은 것들을 ○성○한테 전혀 넘기질 않았단 것을 알았다. ○성○ 역시 자세하게 성기 그린 자료 또한 없다고 말했다. 아마 없앴을 것이다. 혼자 보려고 소라를 완전히 정신줄을 놓게 만들어 사건을 덮으려고.

 그나마 다행히도 2012년 JTBC 〈탐사코드〉 30회를 위한 인터뷰를 할 적에 검찰에 자료 떼러 갔는데, 그 과정에서 몇몇 자료와 기록이 그나마 남아 있었다는 사실을 알게 되었다. 물론 가해자들이 제출한 자료는 볼 수 없었지만, 민사 재판을 할 때 가해자들도 자기네들이 준비한 자료는 법정에 갖고 왔었다. 여러분들! 시간 되실 적에 JTBC 〈탐사코드〉 30회는 한 번 꼭 봐주십시오. 감사합니다.

소라가 병원 입원한 이후에는 ○성○이가 끊임없이 나에게 이것저것 떼어오라 요구하며 많이도 괴롭혔다. 입원 진단서 떼어와라, 빨리 조사를 마치기 위해 진술서를 작성해야 한다, 조사가 오래 걸리면 사건을 제대로 수사를 할 수가 없다, 수사를 종결한다고 하면서 나를 살인적으로 괴롭혔다. 악마도 그런 악마, 괴물이 없었다.

검찰에서도 계속 이어진 피해자에 대한 폭력

사건이 발생한 지 2년이 다 되도록 소라는 ○성○한테 조사 받는 동안 총 3번을 입원했었다. 그렇게 기계적인 조사에 몇 년을 응했고 검찰로 넘겨졌다. 지금 생각하면 나는, 이 어미는 자식을 지키지 못한 죄인이 되고 말았다. 카르텔, 거악, 악인인 이 검경들. 유전무죄 무전유죄에 그 나물에 그밥, 썩고 썩은 검경을 믿었기 때문이다. 어리석은 엄마였다.

○성○ 말대로 오랜 시간 기계적인 조사인지 진술인지 대질인지가 그렇게 스톱되었다. 아마 검찰에서 증거불충분으로 내려왔다, 그렇게 이야기를 들었던 것 같다. 그래도 그때는 담당 변호사가 다시 희망적인 말을 남겼다.

"그런 건 중요하지 않습니다. 지금부터 시작입니다. 괜찮습니다. 민사소송과 형사소송 항소를 함께 진행합시다. 꼭 확실하게 승소할 겁니다. 정말 수고 많으셨어요. 소라 씨 수고 많으셨어요."

그러나 희망적인 말은 그리 오래가지 않았다. 담당 변호사가 열심히 민사, 형사 소송을 함께 준비를 하고 있는 동안 어느 날 검찰에서 전화가 왔었다. 나한테 오라고 했다. 마르고 아픈 다리를 이끌고 절면서 갔는데 검찰은 나에게 어떤 양식을 주었다. 거래가 시작되는 순간이었다. 협박의 거래, 아니 목숨 거래 말이다.

  검사! 검사! 온몸이, 전신이 경직! 아니 뇌가 멈춘다고 해야 맞을 것이다. 검사들의 특징이 얼굴을 쳐다보질 않는다. 눈을 내린다. 아래로 내리 깔아 본다. "아줌마! 여기 있는 A4 용지에 내가 부른 대로 받아 쓰세요."라고 검사가 말했다. 바로 이어서는 그렇게 말했다. "소라는 이미 와서 고소 취하를 하고 갔습니다."

  난 머릿속이 어리어리 하얗게 되어버렸다. "금시초문입니다." 그러더니 검사 왈! "모든 것 깨끗하게, 깔끔하게 처리합시다." 그 모든 것이라 함은 세 번째 강간범(○선○)과 친구한테 내가 폭행당한 것, 두 번째 강간범(○태○)에게도 내가 죽도록 폭행당한 것까지 포함한 모든 것이었다. 뒤이어 검사가 계속 말했다. "깔끔하게 처리합시다. 내 펜대 하나면 아줌마를 벌금을 많이 내게 할 수도 있고, 벌금을 새로 만들 수도 있으니 벌금 내는 돈으로 세 모녀가 맛있는 것 사먹고 사세요."라고 하면서. 여기에 그는 한 가지를 덧붙였다. "다만 검사 부른 대로 받아 적었단 얘긴 하면 안 된다"고 그는 종이 한 장을 더 주면서 그에 대한 이야기를 적었다. 그렇게 나는 검사실에서 2장의 문서를 작성했다.

  그날 나는 검사가 시키는 대로 모든 것을 했다. 우리를 거지로 만든다 하니. 그렇지만 훗날을 생각하면서 가해자 12명에 대한 인적 정보를 알려 달라 해서 받았다. 제정신이 아닌 상태로 집에 와서 목적도 이유도 알 수 없이 계속 울음을 터뜨렸던 기억이 지금도 조금 전에 벌어진 일 같다. 그렇다. 유전무죄다. 피해자나 가해자들은 대체로 경찰서나 검찰에 가면 주관을 잃게 된다. 나 또한 그렇게 주관을 잃었다. 아니, 이성을 빼앗긴다.

  훗날 JTBC 〈이규연의 스포트라이트〉 144회의 촬영을 할 적, PD들이 그 당시 검사를 만났다는 이야기를 들었다. 불미스러운 일로 사표를 내고 변호사 개업 준비 중이라고 했다. 그는 사고를 저지르고도 생존해 있다. 물론 끼리끼리다. 내 가정을 풍비박산 낸 원흉 중 한 사람이다. 그것이 대한민국 검사, 검사란 말이다. 그렇게 몇 년을 조사? 진술? 대질? 그런 것들로 고달프고 힘겹게, 모질게 수차례 폐쇄병동에 입퇴원을 반복하면서 힘들게 몸을 이끌고 말했던 것이 물거품이 되었다. 그렇게 철저하게 썩고 썩은 카르텔의 거악 속에 힘없는 우리 세 모녀는 처절하게 짓밟힌 채 피해자 본인이 고소를 취하해 더는 공소권이 없다는 이유로 사건은 끝이 났다.

  이후 소라는 엄마한테 선물을 하고 싶다며 열심히 공인중개사학원에 다니면서 한편으로는 비즈공예를 배웠다. 막내는 학원에서 네일아트를 배우고 다니면서 자격증도 땄다. 세 모녀는 스낵이나 분식을 이것저것 팔고, 열심히 학원에 다니면서 바쁜 하루를 보냈다. 동시에 막내는 짬짬이 모델 활동을 병행하고 연기학원도 열심히 다니고 유명한 가수들의 무대에도 출연해 힙합댄스도 추는 등 여러 역할도 많이 했었다. 그렇게 몇 년을 조용하게, 평화롭게 사람 사는 것처럼 살았다. 막내가 대학 졸업하면 강남 가서 살고 싶다고 하여 살던 집을 팔았다. 1년 조금 더 지나면 졸업이기에 일단 전세를 얻었다. 막내는 그때부터 대학 생활을 곧잘 하여 장학금도 타왔다.

갑작스럽게 들려온 비극

한동안 행복한 나날을 보내던 즈음… 이렇게 다시 끄집어내고 기억하는 일은 가슴을 후벼 판다. 단장의 아픔을 견뎌야 한다. 그러나 알려야 한다. 불쌍한 우리 딸들의 억울한 죽음을, 대한민국 검경의 만행을 내가 죽은 훗날 단 한 분이라도 알아주었으면 한다.

덥디 더운 2009년 8월 28일 저녁. 따르릉따르릉 전화기 울리는 벨소리가 울렸다. 전화를 받으니 수화기에서 갑자기 이런 말이 들려왔다. "여긴 서대문경찰서입니다아! 저어, 양소라 씨 어머니세요?" "네에?" "경찰서로 오세요." "네에? 소라가 사고 쳤나요?" 난 그 말을 남긴 채 전화를 끊었다. 잠시 후 다시 벨소리는 요란하게 울렸다. "끊지 마세요. 끊지 마세요. 끊지 마세요. 소라가 죽었어요."라고 했다.

난 그대로 멈췄다. 모든 것이 멈췄다. 지금도 뇌는 그대로 멈춰있다고 생각한다. 내 보물 1호가 죽었단다. 죽었어, 죽었어요. 죽음. 내 딸이, 내 보물 1호가. 소라가, 소라가, 막내한테 전화했다. 극장에서 영화 관람중이라고 했다. 엄마랑 만날 수 있냐고 했다. 막내는 조용하게, 아주 조용하게 대답을 했다. 온단다. 훗날 막내는 예감을 했다고 한다. 언니가 죽었을 것이라고.

  (난 지난밤 꿈을 꿨다. 2021년 4월 20일, 오랜만에 보고 싶고 보고 싶은, 그리운 내 딸들을 꿈속에서 만났다. 너무너무 예쁘고 아름답다. 아름다운, TV에서도 볼 수 없는 아름답고 예쁜 옷과 머리에 예쁜 스카프를 둘렀다. 나물 뜯으러 간다며 갔는데 오지 않아 찾으러 내 엄마랑 가다 꿈에서 깨었다. 계속 보고 싶고 만나려 또다시 자려 했지만 잠은 오지 않았다. 생소한 꿈이기에 이렇게 적었다.)

  한참 후에 막내와 만났다. 둘은 말이 없었다. 그날 내린 비는 마치 이승에서 저승으로 떠나는 발걸음이 너무 무겁고 무섭고 다신 이승으로 올 수 없을 슬퍼하는 마중물의 비 같았다. 추적추적 억울한 눈물의 슬픈 비, 너무 너무 슬픈 비였다. 지금도 그날에 내린 비! 는 슬픈 소라의 눈물이었다. 둘은 비를 맞으며 걷는 것인지, 끌고 가는 발걸음인지 몸도 맘도 정신도 그대로 그렇게 걷다가 택시를 타고 경찰서에 도착했다. 가슴이 아파 통증이 와서 몇 자 적다 멈춘다.

(2021년 4월 25일 매일 매일 빈 소라의 방에서 혼자 주저리거린다. 그렇게 하루가 시작된다. 드디어 지난밤 만났다. 소라에게 심부름을 시켰는데 바람이 몹시 불어 살던 집 대문이 닫혀 춥다, 문 빨리 열어달라 해서 열어줬는데 소라를 안아 주는 순간 어찌나 차갑던지 마치 얼음장 같았다. 그렇게 깨어보니 꿈! 꿈이었다. 역시 산 자와 죽은 자였다. 얼음 같은 차가운 손으로, 엄마에게 깨달음을 주고 홀연히 사라진 내 딸 소라!)

아파도 슬퍼도 적어야 한다. 경찰서에 도착하니 형사들이 왁자지껄 시끄럽게 떠들어 대고 있었다. 우리 모녀한테는 무관심했다. 어떤 형사가 직업적으로 소라 가방을 건네줬다. 누가 자식이 죽었는데 슬피 우는 사람 있었던가. 아니다. 눈물이 나질 않았다. 그냥 난 믿을 수 없다란 말만 되뇌는데 허공에 메아리였다. 막내는 원래 내색을 하지 않는 성격인지라 담당 형사랑 얘기하고 있고 나의 머릿속은 멈췄다. 조사를 하잔다, 조사를. 그런데 지놈들이 보기에도 아무리 업무이고 직업이라 해도 나를 보니 아니다 싶었는지 경찰차로 함께 병원에 데려다 주겠다 한다.

세상에 장례식장, 지금도 장례식장만 생각하면 손이 떨린다. 그렇게 지하에 서대문 동신병원 지하에 들어갔다. 스테인리스 박스를 병원 담당 아저씨께서 꺼내주었다. 그곳에 반듯하게, 깨끗한 얼굴로 가슴에 두 손 모은 채 소라가 올려져 있다. 발가벗은 몸에 비닐 옷으로 감겨 있는 내 딸 소라, 보물 1호가 눈을 감고 뜨질 않는다. 엄마를 쳐다보지 않은 채 누워 있었다. 죽었다. 죽어 있었다. 잠자는 것 같았다. 난 비닐 옷을 감은 채 반듯하게 누워 있는 내 딸 보물 1호, 큰딸 소라의 비닐 속 등! 등 밑에 손을 넣었다. 왜 넣었는지 지금도 모른다. 그런데, 그런데 피! 피! 피!가 흥건했었다. 그때나 지금이나 아무 생각을 할 수 없었다. 뇌가 멈췄다 하면 정답이다. 그렇게 피가 내 손바닥에서 뚜욱뚝 떨어졌다. 담당 아저씨가 무언가로 닦아주었다.

막내는 커다란 눈으로 멀뚱멀뚱 정신이 나간 것 같은 모습으로 나를 데리고 밖으로 나왔다. 지하 계단을 걸어 나오다 막내가 "엄마아. 언니 한 번만 더 보고 가자"며 애원하기에 본 것 같기도, 또다시 들어간 것 같기도 하다. 그날의 기억은 거기까지다. 이렇게 몇 자 아니 되는 이, 기억! 그때의 장면만 생각하면 가슴이 너무 아파 적긴 적어야 하는데 적을 수 없어 너무 가슴이 따가워 며칠을 적을 수 없어 온 동네를 방황하며 헤매이다 오늘에야 적는다. 이젠 좀 더 빠르게 쓸 수 있을 것 같다. (2021년 4월 29일)

대한민국 법! 피! 도 눈물! 도 없다. 대한민국 법 유전무죄! 유권무죄!이다. 높은 사람들, 권력자들한테만 필요한 법. 아니 법이 아니라 함이 맞다 끊임없이 전화는 오고 있었다. 정신줄을 놓고 있는데 정신줄 저 너머엔 계속 전화기 벨소리가 요란했다. 막내가 전화 받으라 하여 받았다. 빨리 경찰서에 와서 조사받으란다. 어떻게 경찰서까지 갔는지 지금도 거의 기억이 없다.

난 소라가 떠난 날부터 기억이란 단어를 사용하고 있었다. 워낙 기억력 하나는 타고난 나였는데, 2009년 8월 28일부터 기억이란 낱말을 알게 되었다. 이 세상 그 누가 자식 잃은 어미가 부모가 눈물을 통곡을 단장의 슬픔을 당시에 느끼랴! 아닙니다. 못 느낍니다. 한 달 두 달, 1년 2년 지나야 짐승의 울음이 터지기 시작합니다. 꺼억꺼억, 꺼익꺼익. 그런데 지인들은 첫마디가 잊으라 잊으라. 햐아. 캬햐. 어림없는 소리. 그것은 위로가 아니라 "함께 죽지. 어떻게 왜? 사니? 독하다."란 말이다. 유가족께 위로는 그냥 가만히 조용히 있는 것이 위로이다.

또 다시 경찰서에 도착했는데 난 넋! 넋이 나갔다 하면 맞는 말이다. 막내는 형사와 조사인지 했었다. 그런데 그때부터 형사의 점입가경의 연출이 시작된다. 경찰의 막돼먹은 행태가 시작된다. 소라 가방 안에 뭐가 들어 있었는지 그날은 알 수 없었다. 유품. 그렇다 내 딸 보물 1호 소라는 죽었다. 가방이 유품이다. 형사한테 보관되어 있었다. 아, 오늘은 이만큼 적는다.

넋이 나간 나 대신 막내가 조사를 받았다. 내용은 알 길 없었다. 그날부터 나와 막내는 서로의 눈만 눈빛으로 하루하루 차례차례 장례 절차와 오고 가는 준비 절차를 무언으로 진행하면서 말이 없었다.

6일 후 막내가 떠날 때까지, 몇 마디 기억뿐이었다. 소라 가방 안에 들어 있던 소지품은 막내가 떠난 한참 후에야 내 손에 돌아왔다. 소리가 세상을 떠나던 날 소라는 나에게 함께 점심 먹으면서 처음으로 "어머니, 식사 잘 하시네요."라며, 어머니라고 불렀다. 지금도 많이 가슴이 따갑다. 그날을 회상하면요. 그렇다. 기억하고 있다. 나의 밥숟갈에 반찬을 얹어 주었다. 소라는 거의 먹지 않고 그저 비닐에 이것저것 모았다. 강아지에게 갖다 준단다.

경찰서에서 나왔다. 부슬부슬 슬픈 비는 계속 내렸고 어떻게 집엘 왔는지 기억은 없다. 조사를 빨리 받지 않으면 시신 인도가 안 된다, 그러니깐 장례를 치를 수 없다. 법! 법! 이란다. 집엘 도착했는데 지금 기억은 강아지 삐삐가 종일 굶었는데 아주 슬픈 표정이었다, 정도만 알고 있다. 삐삐는 소라의 죽음을 알고 있었던 것이다. 소라는 삐삐의 엄마 같은 존재였다. 삐삐 밥은 소라 담당이었다.

집, 집, 그렇게 집이 넓은 줄 몰랐다. 40평 한옥집이 동대문운동장 같았다. 24년을 살았다. 딸 둘, 보물 둘이 24년을 살았던 집이었다. 그날 소라는 없었다. 막내는 언니 방에서 무슨 종이를 갖고 왔었다. 그것이 유서다, 유서. 그렇게 밤을 샌 것 같았다. 비! 는 끊임없이 조용한 비는 밤새 내렸다. 다음 날부터 많이 바빴다. 우산도 없이 걷고 걸어 다니면서 소라를 저승으로 떠나보내 드릴 준비하러 다녔다. 막내와 난 끼니를 해결했는지 도저히 지금도 기억에 없다. 그렇게 막내와 난 주고 받은 말 또한 없이 침묵으로, 장례 준비를 했다. 베옷을, 삼베옷을. 얼마나 예쁘고 아름다운 곱고 화려한 아가씨들의 옷들이 그 얼마나 많은가. 평생을 얼마나 예쁜 옷들을 많이 입을 수 있으며 멋이란 멋은 맘껏 낼 수 있는 날들이 그 얼마나 많은가. 그런 날을 뒤로 하고 뻣뻣한 이승의 마지막 옷을 삼베옷을 막내와 나는 만지면서 고르고 흥정을 하고 있어야만 했었다. 장례용품을 파는 곳에서는 3, 4가지 종류들을 꺼내놓으며 젊고 아가씨이고 어리다며 소매 끝에 색동 한 줄 있는 저고리를 추천했는데 값을 많이 불렀다,

　아프다. 이 순간도 난 가슴에 통증이 와서 숨을 헐떡인다. 이 글을 쓰는 어제는 가슴이 너무 아파 병원에 가서 검사를 했다. 피를 한 바가지를 뽑아주고 왔다. 결과는 내일 오란다.

　소라는 죽기 1주일 전 무언가를 외치며 중얼거렸다. 아니, 노래를 불렀다. 작사는 조사관 ○성○, 작곡은 양소라다. "공간개념! 공간개념!"이란 노래를요. 조사 받을 적에

○성○ 조사관은 "공간개념이 없었다"라는 말을 거듭 30회 이상 집요하게 하며, 공간개념이 없었다는 것을 인정하라 다그쳤다. 그런 말도 안 되는 요구를 들은 소라는 그 날 이후 병이 악화되어 또다시 폐쇄병동에 입원했었다. 이렇게 피해자를 죽이는 방법을 대한민국 경찰들(물론 일부이죠), 그 당시 원흉과 ○성○ 외 ○○○경찰서 형사들은 내 딸들을 죽이려는 캠페인을 했었던 것이다. 챌린지 릴레이를 했었던 것이다. 왜? 난 고소를 했을까? 지금도 가슴을 쥐어뜯으며 피눈물을 흘리면서 죽을 수도 없는, 죽지도 못하고 숨 쉬는, 죽을 수 없는 삶을 살고 있다.

2009년 8월 28일 저녁 8시 18분 18초. 연희동 어느 아파트에서 소라는 저승으로 떠났다. 막내와 나, 그렇게 둘이서는 장례식은 엄두도 낼 수 없었다. 오빠 부부와 언니 부부와 함께 화장터에 가서 내 딸 보물 1호를 화장했다. 대기실 또한 8호였다. 아깝다, 아깝다, 목 놓아 울었다. 아깝단 말밖엔 어떤 낱말이 없었다. 너무 아까웠다. 지금도 아깝습니다. 대한민국은 인재를 버렸다. 애를 낳으라고만 한다. 애를 낳아 잘 키웠는데 여성이 일할 수 있는 사회가 아님을 여실히 드러났다. 대한민국은 딸을 낳아 키울 수 있는 사회가 아니다. 높은 분들만 딸을 낳으라 말하고 싶다. 그렇게 외치고 싶다. 그러나 힘없는 민초이니 메아리다.

난 두 가지 죽음을 생각한다. 첫 번째 강간범은 내 손으로 처단 할 것이다. 그리고 경찰청 앞에서 "죽느냐. 소라가 떨어진 곳에서 죽느냐"고.

소라는 떠나기 전 건물을 여러 군데 보러 다녔다. 오후엔 이사 갈 집에 한 번 더 갔고 쇼핑을 했었다. 가방과 신발을 샀다. 은빛 슬리퍼는 소라 꺼, 분홍 가방은 소라 꺼, 내 꺼로는 노랑 슬리퍼를 샀었다. 그런데 그날 갑자기 내 신발 끈이 뚜욱 끊어졌다. 살면서 처음 겪는 일이었다. 끊어진 신발을 질질 끌면서 시장에 갔었다. 그렇게 신발을 사긴 했는데 소라가 툭 던지면서 하는 말! 은빛 신발을 날 주면서 "엄마가 신으세요. 또 누구 주지 마세요." 내가 누군가에게 내 물건을 잘 줬기 때문이다. 아니, 사이즈가 전혀 다른데도. 그렇게 던진 말이 지금도 생생해 조금 전 일 같아요. 아직도 내가 죽는 그날까지 간직할 것이다. 소라가 내게 준 신발을. 그렇게 그날이, 소라에게는 이승에서의 마지막 날이다.

염, 염이란 의식이 있었다. 장례식장 어느 곳에 조금 높은, 끌 수 있는 바퀴가 달린 상. 그 위에 내 딸 보물 1호가 하얀 시트 위에 누워 있었다. 모든 발에는 버선을 차고 손에는 장갑, 온몸엔 삼베옷. 아가씨란 상징일까? 소매 끝과 팔 끝엔 색동이다. 얼굴엔 상처 하나 없는 곱디 고운 얼굴에 뽀얀 색에 화색이 돌았다. 금방 엄마아, 하고 일어날 것만 같았다. 더는 못 적겠다. 어느 날은 더 이상 적지 못하고 멈춘 날도 있었다. 여기서부터는 다음 날 적은 것이다.

그러나 소정은 눈을 감은 모습이었다. 지금 생각하면 이승의 마지막 모습이었는데, 그때 사진을 찍었어야 했는데 그 당시엔 그리 눈물도 나질 않았다. 꺼이꺼이 짐승 울음으로 아깝다, 아깝다, 발끝에서 머리끝까지 손이며 발이며 삼베옷이 입혀진 겉!을 만지고 또 만졌다. 손을 만졌는데 무슨 판대기를 덧댄 것 같았다. 지금도 나의 가슴은 아프고 후벼 판다. 18층에서 떨어지면서 뼈란 뼈들은 다 어스러진 것이다. 그런데 얼굴은 상처 하나 없었다. 한쪽 뺨에만 살짝 긁혀 있었다. 아주 흐릿하게.

훗날 모 방송 다큐멘터리의 촬영을 하면서 PD와 소라가 세상을 떠난 아파트 현장에 갔었는데 그 소라가 떨어지는 아파트에 살던, 소라가 떨어지는 현장을 보았다는 할머니 두 분께서 그날의 모습을 생생히 말씀해 주셨다. 소라는 엎어져 있었다고 한다. 이전에도 화단에 떨어져 자살하는 사람들이 종종 있어 입구를 막았기에 밖에서는 보거나 들어갈 수 없도록 철조망을 둘러친 상황이었다. 소라는 아마 아파트로 들어가서 엘리베이터를 타고 꼭대기 층까지 올라가 어떻게 해서 그곳의 어떤 집 뒷 베란다에 들어가, 아마도 그곳 커다란 화분을 딛고 올라간 뒤에 떨어진 듯했었다. 훗날 경찰한테 들은 얘기로는 그 아파트에 살던 어떤 아주머니가 소라를 봤다 했다. 사진 찍는 아가씨인 줄 알았고 증언했단다. 아니다. 분명 8시 18분 18초를 기다리느라 핸드폰을 보면서 그 시간을 기다린 듯하다.

  방송국 PD와 함께 그곳, 그러니까 아파트 18층에 가기 위해 엘리베이터 속에 있는데 숨이 막힐 것 같았다. 소라가, 내 딸이, 보물 1호가 이승을 하직하고 저승으로 가는 마지막 엘리베이터 속 아니던가. 죽으러 가면서 무슨 생각을, 무슨 원망을, 첫 번째 강간범에 대한 원망인지, 어떤 저주의 생각인지, 아무튼 생각을 얼만큼 했었겠는가. 그

높은 18층 꼭대기에서 우거진 풀숲과 아래 화단을 내려다 보면서 그 시간을 기다렸을 생각하니 왜? 난 전화 한번을 하지 못했을까??? 그런 생각을 하고 만다.

 훗날 사랑하는 가족을 잃은 유가족들을 만나 이런저런 얘기 하다보면 공통점이 있다. 불가사의한 일들, 사랑하는 가족들이 이승에서 저승으로 떠나는 시간들에 때 맞춰 이구동성으로 같은 때에 졸려 잠을 자거나 누워 있거나 많이 바빴다는 얘기를 한다. 또한 전조, 징조 아니면 며칠 전부터 예감이 있다. 허나 내 자식이 죽는다, 죽을 것이다, 자살할 것이다 같은 것은 감히, 아니 추호도 생각을 하지도 않는다. 다만 이런 얘기들은 내 가족, 사랑했던 나의 분신인 우리 딸들이 세상을 떠난 훗날의 얘기이다.

 내가 겪은 징조는 참으로 많았다. 소라는 수시로 그런 말을 툭툭 내뱉었다. 고시원에 가면 도르래가 있다 했다. 도르래에 목을 매면 금방 죽는다는 이야기를 했다. 언젠가 소라 가방을 우연히 봤다. 무슨 약을 먹었는지 배가 아팠는지, 배가 아프거나 설사할 적에 먹는 정로환 약이 있었다. 그리고 흙과 풀들이 함께 있었다. 산에서 약을 먹고 굴렀기에 같이 있었던 것일까? 게다가 소라는 평소엔 아프질 않았다. 워낙 건강했었고 술 또한 먹질 못한다. 그런데 생전에 워낙 돼지갈비를 좋아해서 세 모녀가 먹으러 갔는데 계속 화장실에 왔다 갔다 했다. 그 또한 무슨 약을 먹었는지 설사를 하는 것 같았다. 그때 그날만 해도 설마 내 딸 보물 1호가 자살을, 죽는다, 생을 마감한다, 엄마 곁을 떠난다, 1초라도 생각을 하지 못했다. 아니, 지구촌에 그 어느 부모가 자식이 곧 얼마 후면 자살할 것이라는 상상을 생각을 하겠는가 말이다.

 죽으려고 자살하려고 수많은 방법과 생각을 했을 것이다. 훗날 이토록 가슴이 아프고 후회한 것은 왜? 왜? 눈치를 채지 못 했을까 라는 죄책감이다. 그래서 자살 유가족들은 이구동성으로 같은 맘이다. 왜? 못 막았을까. 왜? 몰랐을까. 산 자가 죄인인 것처럼 가슴을 후벼파고 아파하고 서럽게 울고 미안해 한다. 산 자들은 죄인이라고 후회하면서 살고 있다. 아니, 산다기보다 몸부림친다가 맞는 표현이다. 난 눈 앞에서 놓쳤다, 자식 둘을.

 말없이 침묵 속에 며칠 후 이사를 갔었다. 기억은 없다. 끼니는 흉내만 낸 것 같았다. 언니와 막내 조카랑 낮에만 함께했었다. 며칠 후 보물 2호를 학교 가서 동료들과 어울리고 지내라 했었다. 학교 간 날 죽을 줄도 모르고. 떠나던 전 날 막내가 말했다. "엄마, 언니랑 함께 자면 안 돼요?" 언니 영정사진을 안고 잔다는 얘기였다. 그렇게 하라, 난 고개를 끄덕였다. 이후로는 더 이상 적을 수 없다. 참으로 진도가 못 나간다. 다음 날부터 이야기를 적으려 한다.

풍비박산이 나버린 가정

난 자식을 지키지 못한 죄인입니다. 고소를 했던 것이 첫 번째고, 두 번째는 원흉이 제대로 수사를 했으면 지금 이렇게 글 쓰고 있지 않았습니다. 대한민국 민생의 지팡이가 경찰이라는데, 원흉은 민생의 살인자입니다. 원흉은 가해자들과 녹음한 한 보따리 녹음 테이프와(그때 당시 소라는 폐쇄병동에 입원 중이고, 막내랑 내가 둘이 집 전화기로 녹음했던 테이프를 갖고 오라고 해서 가져다 준 것이다.) 메모지 한 뭉치를 갖다 줬다. 그런데 훗날 JTBC 〈이규연의 스포트라이트〉 144회를 취재할 적에 드러난 것이지만, 검찰에서 사건 수사시 받은 자료에 그것들은 없었습니다. ○관○은 사건처리를 아예 하지 않으려고 중요한 것들은 다버리고 ○성○이 한테 넘겼습니다. 원흉은 그렇게 세 사람을 죽였습니다.

　이사를 간 집에서 짐 정리도 하지 못한 채 막내는 언니 영정 사진을 안은 채 자기 방에서 강아지랑, 난 내 방에서 따로 아침을 맞이했었다. 막내가 아침에 학교를 간다고 했다. 정신줄을 놓은 채 빵조각을 준 것 같았다. 왜? 밥이라도 해줬으면 지금까지 이토록 맘이 가슴이 덜 아플 텐데. 이승의 마지막 밥상을 못 차려 드렸다.

　"엄마, 언니가 떠나던 날 아침에 샤워했나요?" "샤워했었지." 그것이 그날 나의 대답! 그리고 막내는 샤워하는 시간이 오래 걸렸다. 많이 울었을까? 마지막 샤워라 여겼을까?… 막내는 언니가 떠난 후에도 한 방울 눈물도 보이지 않았다. 그런데 이삿짐이 정리되지 않아 방바닥에 둔 노트북 선에 강아지가 오줌을 쌌다. 아직 강아지도 화장실 가는 준비가 익숙지 않았다. 그렇게 울기 시작했다. 난 막내에게 "잘 닦아둘게."라고 했다.

　막내가 말했다. "엄마, 오늘은 열쇠 안 가져가도 되지요?" 이사 간 집은 번호키를 쓰는 곳이었다. 익숙한 열쇠!

24년을 각각 열쇠가 있는 곳에 살았었기에. 언제나. 막내는 다녀 오겠습니다라는 말을 그날은 하지 않았다. 오후까지 수업한다고 했다. 훗날 알았다. 막내는 택시를 타고 학교를 갔었고, 수업 내내 너무 울어 수업을 중단했다고 한다. 난 용돈을 주면서 친구들과 맛나는 점심을 함께들 먹으라 했는데 못먹고 계속 울기만 했다고 한다. 막내의 단짝 얘기로는 오전 수업 끝나고 기차 타고 아빠가 입원한 병원에 갔다 했다.

그날 오후 기억은 없지만, 오후 수업 아닌 시간에 집 전화로 따르릉 따르릉 따르릉. 수화기 저 너머 목소리가 들렸다. "양소정 엄마죠?" 난 그렇게 말하고 말았다. "소정이가 떨어져 죽었나요." 참으로 아이러니하다. 알 수 없다. 지금도 어떻게 그런 대답을 했을까? 전화기 속에서 여기 안양경찰서입니다, 오세요라고 그랬다. 나는 이미 한 번 겪었다. 경찰서? 경찰서에 오란 것은 죽었단 얘기다.

난 누워서 전화를 받았는데, 한 시간은 그대로 있었던 것 같다. 얼마나 지났을까. 힘이 풀린 다리를 끌고 택시를 타고 안양경찰서에 도착했다. 그날도 당시 경찰들의 인성이 바닥임을 알았다. 아니, 최악이다. 사람이라 여길 수 없다. 넋이 나간 엄마인 나를 조사한다. 조사가 되니? 안양 경찰서 형사는 이 글을 장연록이가, 엄마인 내가 쓴 이글을 한번 보거라 꼭 보거라. 조사가 되니? 조사가 되니? 아마도 횡설수설했겠지. 훗날 알았다. 언니 부부가 부탁한 것 같았다.

그 다음은 기억이 없다. 암튼 영안실에 간 것 같았다. 계속 사람들이 날 감시하고 아무 곳도 외부에 나가지 못하게 하고 속속들이 막내가 다니던 대학교 동료들과 교수님들이 모였다. 그다음은 지금도 별 기억을 할 수 없다. 지금 기억난 것은 그냥 장례식장이 마련되었다는 것 정도이다.

여기서 쓰고 싶은 것이 하나 있다. 살인자 원흉(○관○)에 대해 적고 싶다. 원흉은 수 차례 우리 세 모녀를 불러들였다. 그런데 지금도 세상에 알리고 싶은 것은 나 혼자 불려 가면 인간 취급을 하지 않고 강력범죄자럼 취급했었다는 것이다. 그런데 세 모녀를 불러 경찰서에 가면 딴사람으로 변했다. 갑자기 의자를 마련하여 앉으라 아양을 떨면서 살살 웃으면서 죽음의 말을 서슴지 않았다. 표리부

동, 양두구육이다.

  이미 앞서 설명했던 원흉의 독설들을 생각하면, 호시탐탐 기회를 봐서 소라한테 고소취하서에 찍을 지장만 받아낼 기회만 엿봤던 것이다. 그것이 불발되어 지금의 아니 내가 숨 쉬는 날까지 난 원흉의 만행 악행을 알려야 하는 여생을 보내게 되었지만 말이다. 여러분들!!! 원흉이가 악마! 살인자의 원흉인 것은 소라한테 강간범들 성기를 확실하게 정확하게 그릴 수 있으면 조사를 진행해 주겠다고 수차례 종용을 했습니다. 지금이라면 제가 강간당한 성기를 어떻게 그리냐 원흉 마누라는 원흉 꺼를 그릴 수 있냐고 말할 수 있지만 그때 당시엔 참으면 도와주겠지, 경찰이니깐 도와주겠지 하고 참았던 것이 많이 후회됩니다. 죽음의 독설인 것을요.

  막내의 장례식장엔 대학교 교수님들과 동료들, 그리고 우리 친척들 모두 모였었다. 난 끊임없이 원통해하고 목놓아 통곡을 했었다. TV를 보면 다리에 힘이 풀려 휠체어에 실려 다니고 그러는 것을 봤는데 내가 그랬다. 난 다리에 힘 풀려 사람들 부축받아 화장실을 다녔다. 휠체어를 엉덩이로 밀고 다녔다. 어느 순간 깨어보니 한 사람도 보이질 않았다. 나중에야 알았다. 막내 염!!! 할 적에 나 몰래 잠깐 잠든 나를 두고 진행했던 것이다.

 난 그렇게 마지막 막내 보물 2호 마지막 모습조차 기억에 없다. 그 누구도 원망은 하지 않는다. 그냥 지금도 상상만 하기로 했다. 그렇게 화려한 어리다면 어리고, 젊다면 젊은 보물 2호 내 딸을 관 속에 넣은 채 관 겉을 잡고 애타게 통곡을 하고 또 했었다. 시간이 지나 화장터에, 평소엔 상상조차 할 수 없었던 화장터에 두 번째로 가게 되었다. 아깝다, 아깝다, 아깝다. 막내가 한 줌의 재가 되었다. 궤적으로만 남았다. 나는 그때 조카 등에 업혀 다녔다.

 그렇게 두 딸들을 한 줌의 재로 만들고 집으로 왔다. 친정 가족들과 막내 유품 정리들을 해준 것만 생각난다. 며칠 후에 언니가 사는 지방으로 떠났다. 남은 강아지를 데리고. 그러나 며칠 만에 다시 서울로 왔다. 아니, 쫓겨난 것이다. 언니가 워낙 강아지를 싫어했다. 난 달랐다. 우리 딸들이 유일하게 남겨둔 강아지였기에. 그런데 강아지는 자신을 싫어하는 사람을 똑같이 싫어하고 해코지를 했다. 언니께서 예쁘게 다림질 해둔 옷에 변과 오줌을 여지없이 묻혔다.

  난 철저한 혼자가 되었다. 여기저기 끊임없이 전화는 왔다. 난 울다 자다 울다 잠들면 꿈속에서 소라가 옆에서 날 깨우면서 울고 있었다. 엄마, 죽는 줄 모르고 뛰어내렸어. 왜? 날 태워 버린 거야. 난 죽을 줄 몰랐어요, 라며. 몸부림 치며 울고 있었다. 놀랐다 깨어보면 곁에 없었다. 난 또 잔다. 계속 자야만 소라를 만날 수 있으니깐. 그런데 강아지는 옆에서 조르지도 않고 내 옆에서 체온을 함께하고 있었다. 일어나서 사료도 줘야 하고 물도 줘야 하고 나 또한 강아지를 보살펴야 하니.

  자식을 지키지 못한 죄인이라 모자를 눌러쓰고 지팡이를 짚고 생선집에 가서 한 끼를 먹으려 했다. 그런데 밥알이 목구멍으로 넘어가질 않아 두 숟갈도 못 넘기고 생선은 포장해 가지고 와서 나를 반겨주는 강아지에게 주곤 했다. 그렇게 하루는 이 집, 하루는 저 집에서 한 끼 정도는 해결하고 자고 또 자고는 생활을 했다. 언니는 매일 전화를 해주셨다. 그러던 와중에 지금도 풀리지 않는 의문이 있다. 뜬금없이 어느 날 소라, 소정이 둘 중에 누가 더 많이 생각이 나느냐는 질문. 난 대답을 못 한 걸로 기억난

다.

 강아지 이름은 삐삐였다. 삐삐는 집 밖에 나가면 짖질 않는다. 그 가방에 담아 식당에 가도 짖지 않으니 편하게 데리고 다녔다. 단골 식당에 갔을 적에 난 밥을 시켜두고 두 숟갈도 뜨질 못하니 주인 아주머니께서 왜? 그리 못먹느냐 면서, 눈엔 언제나 눈물이 글썽이냐기에 뭘 주면 먹겠냐 시기에 맥주 한 병을 달라 해서 마시고 오곤 했었다.

 그렇게 세월하고 싸웠다. 그 누구한테도 말할 수 없었던 세월이 9년이었다. 자살이란 금기어와 혐오의 죽음이라는 꼬리표가 달렸기 때문이다. 쌀알을 넘기지 못한 것은 지금도 마찬가지다. 방송에는 잘못 나간 것이 있다.

 남편은 소라가 성폭행을 당한 충격으로 쓰러져 수술을 받았다. 그렇게 식물인간으로 견디다 돌아가셨다. 2009년 11월 3일이었다. 네 사람이 살다 세 사람이 저승으로 가셨다. 난 밥이 술이고 술이 약이었다. 틈틈이 컴퓨터를 켜고 자살과 사후세계 관련한 책은 모조리 사들였다. 읽고 또 읽고 자살 유가족 모임은 곳곳에 찾아다녔고, 자살 유가족 모임을 1박 2일 다니는 등 곳곳으로 헤메고 다녔다. 물론 삐삐랑 함께였다. 삐삐는 경호를 철저히 했다. 이 방

저 방 지키느라 집에 오면 하루 정도는 기진맥진 잠을 잤었다.

지금도 끔찍하다. 대한민국에 그토록 자살 유가족모임이 많단 것이 끔찍하단 표현을 적는다. 더 끔찍한 것은 자살 유가족을 상대로 장사를 한단 것! 끔찍했다. 제정신 아닌 넋이 나간 유가족을 이용하고 악용했었다. 오늘날은 그나마 많이 없어졌다. 그래도 적진 않다. 올바른 곳도 몇 곳 있다.

가장 괜찮은 곳은 서울시자살예방센터에서 운영하는 유가족 자조모임 '자작나무'이다. 10년이 훌쩍 넘으니 발전한 것 같다. 정부의 관심도 있고 앞으론 훌륭하게 발전할 것 같다. 그렇게 세월은 흘렀고 더 이상 힘이 없으니 혼자 복수의 칼? 맘의 칼! 을 갈고 또 갈아도 쓰일 곳은 없었다.

많은 이들의 도움으로 새 삶을 시작하다

어느 날 난 준비를 했다. 이것저것 다 모조리 버리고 새 옷을 사 입고 모아둔 약을 먹기 전 그동안 고마웠던 지인께 문자를 보냈다. 새벽이니 다들 자겠거니 했기 때문이었다. 약을 털어 넣었다. 이젠 내 딸들을 만나러 가겠구나, 딸들아 미안하다, 원수 못 갚았다면서 잠이 들었다. 깨어나니 응급실이었다. 몸에 구멍 난 곳 모두엔 호스가 꽂혀 있었다. 많이 많이 괴로웠다.

잊을 수 없는 것이 있다. 물이 제일 마시고 싶었다. 하지만 절대 못 마시게 내 손발을 묶어뒀다. 그런데 지인 두 분이 왔었다. 그분들은 지금도 내겐 가장 소중한 분이다, 왜냐면 그때 죽었다면 이만큼 우리 딸들의 억울한 죽음을 알릴 수 없었기 때문이다. 자살 미수자는 맘대로 퇴원을 할 수 없는 것이 우리나라 법이란다. 오빠께선 미국에, 언니는 포항에 계셨다. 지인을 통해 전화를 걸었다. 일언지하 거절이다. 죽었다 해도 장례식장이라 해도 못 간다고. 둘째 딸이 친정에 와 있다고.

그래서 지인 두 분이 보증을 섰다. 또다시 내가 자살을 시도하는 일 있으면 두 분은 형사처벌 받을 것을 조건으로 그렇게 보증을 섰다. 그렇지 않으면 정신병원에 보내고 보호자 두 분이 오셔서 보증을 서야지만 밖에 집으로 돌아갈 수 있단다. 그토록 마시고 싶은 물을 지인이 몰래 가져다 주었다. 지금도 물! 물! 은 정말 소중하다고 여긴다.

난 새 삶을 시작했다. 더욱더 적극적으로 유가족 모임마다 찾아다녔다. 그렇게 조금씩 내 정신도 찾아왔고 오래 걸렸다. 주위에서 보는 시선도 조금씩 달라졌다. 몇 년은 날 미친 사람으로 여겼다. 많이 이래저래 당했다. 우리나라에서 가장 유명한 곳인 '○○전화'에선 아예 날 왕따시켜서 나와 연락하고 왕래하는 유가족까지 왕따시켰었다. 그러나 유관 정부 기관으로부터 꼬박꼬박 돈은 받아 챙겼었다. 자살유가족 명단이 있기에, 이들을 대상으로 연락을 명단대로 해야 돈이 나오니까. ○○전화에선 많이 발전하여 이곳저곳 후원금으로 직원도 많아졌고 발전하였다. 그러나 도움을 받아야 할 유족들은 별 도움을 받지 못하고 있다. 현재도 진행 중이다.

세월은 그렇게 흘렀고 자살자들은 끊임없이 늘어나기만 한다. 그러던 어느 날 JTBC 방송국에서 찾아왔다 손용석 PD를 비롯한 여러 스태프들과 함께 나를 취재하러 왔었다. 난 제정신이 아니다. 정신약을 수면 직전까지 43알씩 복용 할 적이다. 나의 이성과 주관은 없었다. 거의 2, 3개월을 취재한 것 같았다. 지금도 기억나는 것은 밥과 술에 관심이 더 많았다. 그러나 내면엔 오직 세상에 가해자 12명과 살인자 원흉인 대한민국 경찰관, 원흉 ○○○ 경찰서 형사들의 만행을 세상에 알려야 한다는 의지만은 불변이었다.

그때 당시 남편 잃은 유족과 함께 우리 집에 있었다. 함께 살았는데, 먹고 자고. 그렇게 내가 약에 취해 세 사람의 죽음에 취해 있었으니 또한 이용을 당하고 있었다. 촬영이 마무리될 즈음 취재진들 도움으로 그를 쫓아내다시피 보냈다. 겨우 몇 개월을 취재하면서 잃어버린 기억들을 헤집고 찾아내고 울기도 많이 울었다.

그렇게 처음 세상에 알려진 것이 JTBC 〈탐사코드〉 30회다. 방송에서 얼굴은 모자이크 처리로 나갔었다. 그다음에는 직접 스튜디오에도 나갔었다. 물론 모자이크 처리로. 많은 오명과 금기어란 자살! 여기저기 증인과 증거 찾으러 다니면서 손용석 PD를 비롯한 팀원들께서 여러 수모에도 불구하고 수고하는 모습들에 지금도 더욱더 고마움과 감사함을 잊을 수가 없다. 자료 찾으러 검찰에 갔었는데 자료보관 유효기간이 5년이라는데 뭔가 미심쩍어 보관 중이란다. 다행히 폐기되진 않았던 것다. 자료가 우리 손에 오기까지 많은 제재와 다툼을 비롯해 오랜 시간이 걸렸었다.

난 이 날이 오게 된 것은, 이렇게 이 글을 적는 것은 전부가 손용석 기자님 덕분이라고 생각한다. 한시도 잊은 적 없는 고마운 분이다. 나보다 더 분노했고 더 알려야 한다고 하셨다. 방송이 끝나고 그는 나한테 말했다. "어머니! 살기 힘드시면 말씀하세요. 가게 하나 내어 드리겠습니다. 그리고 살게끔 선전해서 도와드리겠습니다."라고. 그리고 "훗날 꼭 책을 내어 보세요."라고.

그러나 난 약에 취해 술에 취해 그 말은 그냥 아련한 메아리처럼 흘렀다. 그렇게 세월은 갔고 자살미수로 자살고위험군으로 서울시의 보호 아래 지낼 무렵 전국보조출연자노동조합의 위원장께서 방문하셨다. "어머니, 무엇을 사드릴까요?"라고 물었다. 그 말에 나는 바로 맥주라며 대답했다. 술만 있으면 난 하루를 넘길 수 있었다. 그러던 와중에 그분은 희망, 세상에 알릴 수 있는 빛을 갖고 오셨다. 조금씩 조금씩 더딘 발걸음으로, 하늘이 무너져도 솟아날 구멍이 있음을 알게 되었다. 아니, 구멍이 솟아나고 있었다.

이곳저곳에서 짧은 인터뷰가 계속 들어왔다. 그것들이 티끌 모아 태산이 되었다. 물론 내 모습은 모자이크로. 불쌍하고 억울한 우리 딸들의 죽음! 명예회복을 할 수 있는 희망이 보였다. 며칠 뒤에는 국회에서 인터뷰가 있었는데 함께 가는 유족분이 늦게 와서 참석을 하지 못했지만 좋은 인연을 만났었다. 어느 기자분과 인터뷰를 마치고 내게 명함 한 장을 건넸다. 그는 이 말을 남겼다. "어머니! 언제든 무슨 부탁 할 일 있으시면 연락주세요." 그렇게 그날 인터뷰한 것은 훌륭하게 신문에 실렸다.

주춤하게 세월은 흘러갔고 문득 손용석 기자님이 책으로 이야기를 남겨 보라는, 촬영 끝나고 남긴 한마디가 생각났다. 그래서 어느 기자분께 전화를 걸었다. 잊지 않고 반갑게 받아주면서 기억을 해주셨다. 우린 날짜를 정했다. 일주일 한번 어느 기자랑 셋이서 난 일주일 내내 적었다. 조사받던 내용과 이것저것 분노에 찬 것들을 가득 적었다. 우린 일주일에 한 번씩 취합하며 피드백을 하고 맛난 것을 먹기도 했었다. 일 년 반을 취합했었다.

  그런데 반전이 일어났다. 어느 기자의 지인인 변호사께서 민사소송 얘기가 나온 계기가 있어 소개로 이선경 변호사님을 몇 차례 미팅 끝에 가해자를 대상으로 민사소송을 진행하기로 했었다. 판결이 나오기까지는 3년 반이 걸렸다. 그때까지도 난 우울증약을 다량으로 복용했었다.

2017년 가해자들에게 제기한 민사소송 판결문

판단

2004년경 드라마 보조출연일을 하면서 일부 성폭행을 당하지는 않았다고 하더라도 2004년경 드라마 보조출연일을 하면서 일부 피고들로부터 강간 내지 업무상위력 등에 의한 간음이나 강제추행 등의 성폭행을 당하였다고 볼 여지가 있다.

1. 양소라는 2004년 5월 25일 처음으로 국립서울병원 정신과에 내원한 이후 2004년 9월 24일부터 자살하기 직전인 2009년 8월경까지 정기적으로 정신과 치료를 받았으며 2004년 12월 7일부터 2004년 12월 28일까지 입원하여 치료를 받는 등 수차례 입원치료를 받기도 하였다. 양소라는 2004년 11월 26일 정신과 치료받을 때부터 담당

의사에게 2004년 8월초 경부터 성폭행을 당하였다고 말하였다.

담당의사는 2005년 3월 15일자 소견서에 '2004년 6월 10일 임상심리검사에서는 성격장애의 문제를 나타내는 소견이었으나, 2004년 12월 7일부터 같은 달 14일까지의 임상심리검사에서는 사회적 민감성이 매우 높아져 있으며 자신에 대한 통제감이 저하되고 피해의식 및 분노감이 두드러지는 소견을 보였다. 이러한 소견의 변화는 양소라가 진술하는 스트레스(성폭행)가 가중되었을 때 나타나는 소견과 부합되는 것으로 사료된다. 양소라는 2004년 8월 경 무렵부터 어떠한 정신적인 충격으로 받은 것으로 보인다.

2. 피고 두 번째. 세 번째. 네 번째는 2004년 9월경부터 2004년 11월 경까지 사이에 양소라와 수차례 성관계를 하였다. 피고 첫 번째는 양소라와 성관계 사실 자체를 부인하나, 양소라는 보조출연 일을 하면서 2004년 7월경 내지 2004년 11월경까지 사이에 양소라와 수차례 성관계를 하였다. 피고 첫 번째와 교제를 한 것으로 보이는데, 양소

라는 수사기관에서 형사 고소 사건에 대하여 조사를 받으면서 계속적으로 피고 첫 번째에게 강간당한 순간부터 정신병 환자가 되었다는 취지로 진술하고, 피고 첫 번째는 주변 직장동료에게 양소라와 성관계를 하였다고 말한 것으로 보이는 점 등 제반 사정에 비추어 보면, 피고 첫 번째 ○택○는 양소라와 성관계를 하였던 것으로 보인다.

위와 같이 양소라는 보조출연일을 하면서 위에 언급한 피고 4명과 성관계를 하였는데, 그와 같이 성관계를 한 시점은 2004년 8월경부터 2004년 11월경까지로서 성적으로 문란한 생활을 한 것으로 보이지 않은 양소라가 비록 같은 날은 아닐지라도 같은 시기에 서로 직장 동료 사이인 위 피고들과 성관계를 하였다는 것은 이례적인 점, 위 피고인들은 주식회사 ○○캐스팅○의 직원들으로서 보조출연자들을 관리.감독하는 지위에 있었던 점, 위 피고들은 직장 동료 사이로서 양소라가 위 피고들과 성관계를 하였다는 것을 알면서도 성관계를 한 것으로 보이는 점, 당시 양소라는 정신과적 증상이 악화되어 치료를 받고 있는 상태였던 점 등에 비추어 보면, 위 피고들과 양소라의 성관계는 사회 통념상 일반적으로 받아들여지는 정상적인 성관계였다고 보기 어렵다.

3. 양소라는 생전에 성폭행을 당한 내용에 대하여 일기장, 메모를 작성하였고, 정신과 치료 경과, 유서 내용 등에 비추어 보면, 양소라는 성폭행 당했다는 강박관념을 가지고 있었던 것으로 보이는데, 양소라가 성폭행을 당하지 않았으면서도 단순히 피해 과대망상으로 위 일기장 등을 작성하였다고는 보이지 않는다.

4. 양소라는 피고들에 대한 형사 고소를 취소하면서 '더 이상 사건에 대하여 신경 쓰고 싶지 않다. 고소할 때에는 진실을 밝히는 것이 당연하고 쉬울 줄 알았는데, 조사받는 과정에서 진실을 밝히기가 힘들고 다시 그 사건들을 기억하는 것이 참을 수 없어 고소를 취소한다'고 진술하였는바, 양소라는 성폭행 피해 사실이 없어서 고소를 취소한 것은 아니다. 설령 양소라가 원고 주장과 피고들로부터 강간 등 성폭행을 당하였더라도, 이 사건 소는 양소라가 성폭행을 당하였다고 한 때로부터 약 9년 6개월, 양소라, 장서령이 자살한 때로부터 약 4년 6개월이 지나서

제기되었는바, 민법 제766조 제1항에서 규정하고 있는 3년의 소멸시효가 지나서 제기되었으므로, 원고의 주장은 이유 없다.

결론
원고의 이 사건 청구는 이유 없으므로 기각한다.

원고의 주장

1. 피고들의 양소라에 대한 성폭력

원고는 슬하에 양소라, 장서령(개명 전 : 양소정) 두 딸을 두고 있었는데 양소령은 연예인이 되고자 하는 바람을 안고 보조출연으로 경력을 쌓기 위하여 일을 하고 있었고, 양소라는 대학원박사과정을 준비하던 중 동생의 소개로 아르바이트 겸하여 보조출연일을 시작하게 되었습니다. 피고들은 2004년 당시 서울 영등포구 ○○○○○빌딩, 주식회사 ○○캐스팅○ 소속 직원들로서 공모하여 양소라를 강간, 추행하였습니다. 그런데 피고들로부터 강간과 추행을 당할 2004년 당시 이미 양소라는 정신과 치료를 받고 있을 정도로 심신이 매우 미약한 상태였습니다. 소견서를 보면, 양소라는 2004.5.25. 초진을 시작으로 정신과 치료를 받고 있을 정도로 심신이 미약했습니다. 피고들은 양소라가 이처럼 심신이 미약한 상태에 있음을 알고 위계 또는 위력을 사용하여 양소라를 강간 또는 추행하였던 것입니다.

즉, 피고들은 양소라를 관리하고 감독하는 지위에 있음을 이용하여 심신미약 상태에 있는 양소라를 위력으로 제압한 후 강간하고 추행한 것입니다.

2. 피고 ○영○(○택○)의 강간 및 강제추행

피고 ○영○(○택○)은 2004년 주식회사 ○○캐스팅○에서 보조반장으로 근무하던 자로서,

가. 2004년 7월 말경 경남 하동군 번지 미상 SBS 드라마 〈토지〉 촬영장소에서 양소라(당시 30세)가 촬영 중인 틈을 이용하여 갑자기 덤벼들어 왼손으로 양소라의 오른손을 잡고 왼쪽 어깨를 감싸 안으며 엉덩이를 만지고 껴안으면서 가슴을 만지는 등 양소라가 반항할 수 없는 상태에서

강제로 추행하고,

나. 같은 해 7월 29일부터 30일 새벽 2시부터 4시 사이에 경남 하동군 번지 미상 숙소 민박집 앞마당 평상으로 양소라를 불러낸 후 강제로 평상에 눕이고 자신의 다리를 이용해 강제로 양소라의 양다리를 누르고 양손으로 상의 티셔츠를 가슴 위까지 올린 후 가슴을 손으로 수회 주물럭거리고 입으로 빨면서 하의 츄리닝과 팬티를 벗기는 등 양소라가 반항할 수 없는 상태에서 강제로 추행하고,

다. 같은 해 8월 5일부터 8월 7일경 장소 미상의 촬영 버스 안에서 함께 앉아 있는 틈을 이용하여 손으로 양소라의 왼쪽 볼을 만지고 엉덩이를 쓰다듬어 강제로 추행하고,

라. 같은 해 8월 10일 새벽 2시경 서울 종로2가에 있는 상호 불상의 건물 2층 비디오방으로 술에 취하여 비틀거리는 양소라의 팔을 끌어당겨서 의자에 눕혀놓고 양소라의 항거불능상태를 이용하여 강간하고,

마. 같은 해 8월 18일 시간 미상경 서울 양천구 소재 상호 불상의 모텔 2층으로 술이 취한 양소라의 팔짱을 끼고 강제로 끌고 들어가 양소라의 항거불능상태를 이용하여 간음하고,

바. 같은 해 8월 23일 새벽 1시 ~ 2시경 서울 인사동에 있는 사랑방모텔로 술이 취한 양소라를 강제로 끌고 들어가서 침대에 눕히고 목을 조르면서 모든 옷을 벗기고 혓바닥으로 ○○를 핥다가 양소라가 저항하자, "칼로 얼굴에 상처를 내겠다. 소주병으로 ○○를 도려낸다. 담뱃불로 얼굴을 지진다"고 협박하여 반항을 억압한 후 양소라를 간음하고,

사. 같은 해 8월 25일 시간 미상경 경남 하동군 SBS 드라마 〈토지〉 촬영장소 민박집에서, 양소라가 혼자 잠자는 틈을 이용하여 방문을 걸어 잠그고 손으로 입을 막고 주먹으로 머리를 때리고 발로 배를 차고 얼굴을 때려 벽에 밀치고 "여기서 소리 지르면 죽인다"고 협박하고 방바닥에 눕혀 반항할 수 없도록 억압한 후 ○○를 입에 대고 빨

게 한 후 ○○를 삽입하여 강간하고,

아. 같은 해 9월 5일 새벽 시간 미상 서울 종로구 인사동 소재 사랑방모텔에서 "바"항과 같이 반항을 억압하여 양소라를 강간하고,

자. 같은 해 9월 20일 오전 0시부터 1시경 "바"항과 같은 방법으로 양소라를 강간하였습니다.

3. 피고 ○태○의 강간

피고 ○태○은 주식회사 ○○캐스팅에서 보조출연자 담당으로 근무하던 자로서,

가. 2004년 10월 5일 오후 11시경 서울 장소 불상 도로에 주차한 피고 소유 회색 카니발 차량 안에서 술이 취해 의식불명이 된 양소라의 상의를 벗기고 팬티를 무릎까지 내려 양소라가 발로 차면서 반항하자 다시 머리채를 쥐어

잡고 "너 말 안 들으면 차에서 떨어뜨려 한강으로 밀어 버린다 너 ○영○한테 했던 대로 해보라"며 머리채를 휘어잡고 ○○를 입에다 대어 빨게 하고 몸을 뒤로 돌려 무릎을 땅바닥에 놓게 한 다음 항거불능상태인 양소라를 간음하고,

나. 같은 해 10월 6일 서울 성북구 돈암동 소재 상호 불상 모텔 호길 미상 방문을 걸어 잠그고 목욕탕으로 끌고 가서 입과 ○○에 샤워기로 물을 뿌려 강제로 옷을 다 벗긴 후 눕혀 머리채를 잡고 입으로 성기를 넣고 빨게 하여 반항을 못하게 한 다음 강제로 양소라를 간음하여 강간하고,

다. 같은 해 10월 18일 새벽 1시경 "다"항의 장소에서 같은 방법으로 양소라를 강간하고,

라. 같은 해 10월 19일 새벽 2시경 "다"항의 장소에서 같은 방법으로 양소라를 강간하고,

마. 같은 해 10월 27일 "다"항의 장소에서 같은 방법으로

양소라를 강간하고,

바. 같은 해 11월 7일 "다"항의 장소에서 같은 방법으로 양소라를 강간하였습니다.

4. 피고 ○선○의 강간과 강제추행

피고 ○선○는 주식회사 ○○캐스팅○에서 진행부 과장으로 근무하던 자로서,

가. 2004년 10월 13일 새벽 시간 불상경 장소 불상지에서 술을 마시다가 술에 취하여 의식불명이 된 양소라의 팔을 세게 잡고 안 따라오면 죽여 버린다며 가방을 뺏어 서울 양천구 목동 상호불상 여관 호실미상 방으로 끌고 가 문을 걸어 잠근 후 침대로 떠밀고 "담배 불로 지진다. 라이터로 ○○를 태운다"며 ○○에 2 ~ 3회 성기를 삽입하는 등 항거불능 상태를 이용하여 양소라를 간음하고,

나. 같은 해 10월 19일 서울 중구 명동 상호 불상 비디오방에서 미리 만나서 술을 마셔 취한 양소라에게 "반항하면 사진을 유포한다. 찍어 놓은 알몸 사진을 인터넷에 올린다. 너의 엄마를 죽인다. 너의 동생을 팔아 넘긴다"며 술에 취하여 의식불명이 된 양소라의 항거불능상태를 이용하여 간음하고,

다. 같은 해 10월 24일 장소 불상 피고 ○동○의 집에서 양소라와 소주를 마시다가 양소라가 술에 취하여 의식불명이 되자 피고 ○○를 입으로 빨게 하는 등 항거불능 상태를 이용하여 양소라를 간음하고,

라. 같은 해 11월 19일 서울 영등포구 소재 여관으로 끌고 가 방문을 잠그고 양소라를 침대로 떠밀어 옷을 다 벗기고 "○○를 담뱃불로 지진다. 라이터로 ○○모를 태운다"며 양소라의 온몸과 머리를 때리면서 항거불능 상태를 이용하여 양소라를 간음하였습니다.

5. 피고 ○도○의 강간과 강제추행

피고 ○도○은 주식회사 ○○캐스팅○에서 부장으로 근무하던 자로서,

가. 2004년 10월 15일 여의도 MBC 건물 마당에서 양소라가 MBC 드라마 ○○○○○ 촬영 중인 틈을 이용하여 자신의 오른손으로 양소라의 오른손을 끌어당겨 ○○를 만지는 등의 방법으로 강제로 추행하고,

나. 같은 해 10월 27일 새벽 서울 영등포구 소재 여관방으로 술이 취해 의식불명이 된 양소라를 끌고 들어가 양소라의 팬티를 벗기려다 양소라가 반항하자 "걸레 같은 년 어디서 반항해 다리 하나 부러뜨려"라며 얼굴을 2회 때리고 "나 한테 잘 못 보이면 너 살아 남지 못해. 면도칼로 ○○를 깍아 버리고 음부를 도려낸다. ○영○, ○태○, ○선○한테 했던 것처럼 해라"며 양소라의 머리채를 잡으며 입으로 양소라의 ○○기를 핥고 피고 ○○를 빨게 한 후 항거불능상태에 있는 양소라를 간음하고.

다. 같은 해 11월 5일 번지 미상 대학로에서 드라마 촬영 중인 틈을 이용하여 갑자기 양소라의 손을 잡고 바지 위로 발기된 자신의 ○○를 보게 하는 등의 방법으로 추행하고

라. 같은 해 11월 5일 MBC 세트장에서 양소라가 촬영 중인 틈을 이용하여 갑자기 양소라의 손을 잡아당겨 자신의 ○○를 만지게 하는 등의 방법으로 추행하였습니다.

6. 피고 ○한○의 강제추행

피고 ○한○는 주식회사 ○○캐스팅○에서 진행반장으로 일하던 자로서,

가. 피고 ○한○는 2004년 7월 23일 오후쯤 경남 하동에 있는 SBS 드라마 〈○○〉 촬영장소에서 양소라가 촬영 중인 틈을 이용하여 갑자기 손으로 ○○○를 만지는 등의 방법으로 강제로 추행하고,

나. 2004년 9월 일자 불상경 "가"항의 장소에서 양팔로 양소라를 껴안고 양손으로 ○○을 움켜잡고 만지고 얼굴을 비비는 등의 방법으로 양소라를 강제로 추행하고,

다. 같은 해 10월 5일 서울 영등포구 여의도동 소재 상호불상 식당에서 회식 중인 틈을 이용하여 팔로 ○○을 움켜잡는 등의 방법으로 양소라를 강제로 추행하고,

라. 같은 해 10월 23일 "가"항의 장소에서 회식 중인 틈을 이용하여 손으로 양소라의 허벅지를 만진 후 손을 허벅지 사이로 집어넣어 ○○를 만지고 입을 맞추는 등의 방법으로 양소라를 강제로 추행하였습니다.

7. 피고 ○동○의 강제추행

피고 ○동○는 주식회사 ○○캐스팅○에서 진행반장으로 일하던 자로서,

가. 2004년 8월 25일 경남 하동군에 있는 SBS 드라마 〈○

○〉 촬영장소 민박집 방에서 양소라가 잠을 자고 있는 틈을 이용하여 양손으로 껴안고 방바닥에 눕히는 등 양소라를 강제로 추행하고,

나. 같은 해 8월 29일 같은 장소에서 양소라가 촬영 중인 틈을 이용하여 손을 잡고 엉덩이를 툭툭 치고 팔꿈치로 ○○○을 툭툭 건드리면서 사귀자고 하는 방법으로 양소라를 강제로 추행하였습니다.

8. 피고 ○찬○의 강제추행

피고 ○찬○는 주식회사 ○○캐스팅○에서 반장으로 근무하던 자로서,

가. 2004년 10월 2일 저녁 장소 불상 MBC 촬영버스 안에서 양소라가 MBC 드라마 〈○○○○○〉을 촬영하기 위해 옷을 갈아입을 때 가슴을 뚫어지게 쳐다보고 옷을 갈아입는 장면을 쳐다보는 등 강제로 추행하고,

나. 같은 해 11월 1일 서울 삼청공원 촬영버스 안에서 양소라의 ○○○를 만지면서 "오늘 일찍 끝나는데 술 한 잔 하게 목욕 재계하고 와라. 몸 주면 되지 뭐."라고 말하여 양소라를 강제로 추행하였습니다.

9. 피고 ○태○의 강제추행

피고 ○태○은 주식회사 ○○캐스팅○에서 반장으로 일하던 자로서, 2004년 10월 4일 서울 영등포구에 있는 여의도 공원에서 양소라가 촬영 중인 틈을 이용하여 최대한 야하게 최대한 야하게 입으라며 손으로 ○○을 움켜잡고 ○○○를 툭툭 치는 등 양소라가 반항할 수 없는 상태에서 강제로 추행하였습니다.

10. 피고 ○성○의 강제추행

피고 ○성○은 주식회사 ○○캐스팅○에서 소품 담당 직

원으로 일하던 자로서 2004년 11월 3일 서울 성북구 돈암동 번지 미상 도로에서 양소라를 집에 데려다 준다며 피고의 차량(번호 미상임)에 태운 다음 강제로 끌어안고 손으로 ○○을 만지고 허벅지를 더듬고 비디오방에 가자면서 팔을 잡는 등 양소라가 반항할 수 없는 상태에서 강제로 추행하였습니다.

11. 피고 ○주○의 강제추행

피고 ○주○은 주식회사 ○○캐스팅○에서 반장으로 근무하던 자로서, 2004년 8월 27일 강원도 춘천시 소재 KBS 단막극 〈○○○○○〉 촬영장소에서 양소라가 촬영 대기 중임을 이용하여 인원을 추리는 것처럼 양소라의 팔을 잡고 손가락 끝 부분으로 ○○○를 건드리는 등 양소라가 반항할 수 없는 상태에서 강제로 추행하였습니다.

12. 피고 ○우○의 강제추행

피고 ○우○은 주식회사 ○○캐스팅○에서 반장으로 일하던 자로서,

가. 2004년 10월 20일 새벽 5시경 일산에서 마지막 춤은 나와 함께 촬영을 마친 양소라가 피고의 차량을 타고 여의도로 이동했을 때 갑자기 차를 세워 양소라가 내리려 하자, 뒷 좌석으로 와서 같이 잠을 자자면서 양손을 끌어안고 양소라가 손으로 밀면서 뿌리치자 손바닥으로 머리를 때리면서 한 손으로 양소라의 양쪽 ○○을 움켜잡는 등 강제로 추행하고,

나. 같은 날 상호 불상 호텔 촬영장소에서 촬영 대기 중인 양소라의 치마 끝자락을 손으로 잡아 올리고 수회 허벅지를 만지면서 "뚱뚱하다. 나이 먹으니 다르긴 하다. 나랑 자려면 오늘 굶고 살 좀 빼라."는 등 강제로 추행하였습니다.

13. 피고 ○애○의 강제추행

피고 ○애○은 주식회사 ○○캐스팅○에서 5지부장으로 근무하던 자로서,

가. 2004년 11월 2일 서울 영등포구 여의도동 ○○ 건물 1층 커피숍 부근에서 사무실로 월급을 타러 간 양소라의 왼쪽 어깨를 만지며 왼쪽 ○○○을 움켜잡고 "○○ 크네. 소문대로네. ○○이 큰 너가 좋더라. 나랑 동거하자."라고 말하며 강제로 추행하고,

나. 같은 해 11월 3일 오후 2시경 ○○캐스팅○ 사무실에서 양소라에게 "똥걸레 왜 왔니. 살 좀 빼라"며 허리를 쿡쿡 누르면서 "요○이가 그러는데 ○○에 털이 많다며"라는 말을 하면서 양소라의 ○○와 ○○○를 만지면서 상의를 벗기며 강제로 추행하였습니다.

이상은 2017년에 나온 민사 재판 결과가 적힌 판결문이었다. 민사소송 중 난 가해자들이 근무하는 여의도 ○○기획사 앞에서 시위를 했었는데, 며칠 만에 고소당했다. 많이 많이 추웠다. 내심 고맙기도 했었다. 1주일도 못하고 고소당했다. 다음은 그 고소에 대한 판결문이다.

가해자들이 나에게 제기한
형사소송 판결문

판단

1. 기초사실

먼저 기록에 의하면 다음 사실들을 인정할 수 있다.

가. 피고인은 슬하에 장녀 양소라와 차녀 장서령(개명 전 : 양소정) 자매를 두었다.

나. 2004년경, 장서령은 연예인을 지망하여 방송기획사인 주식회사 ○○캐스팅○에서 드라마 보조출연자(엑스트라)로 일하였고, 양소라도 동생인 장서령의 소개로 ○○캐스팅○에서 보조출연자로 일하게 되었다. 당시 ○○캐스팅○에서는 이 사건 12인이 근무하면서 보조출연자들

의 관리, 감독 업무(단 ○성○은 소품담당 업무)에 종사하고 있었다.

다. 양소라는 2004년 12월경 서울남부지방검찰청에 이 사건 12인을 자신에 대한 강간, 강제추행 혐의로 고소하였다(이하 '이 사건 형사고소'라 한다). 그 혐의사실은 "이 사건 12인이 양소라를 관리. 감독하는 지휘에 있음을 이용하여 심신미약 상태에 있는 양소라를 위력으로 제압한 후 강간하고 추행하였다"라는 요지로서, 이 사건 12인이 2014년 7월 말경부터 3개월여에 걸쳐 양소라를 상대로 범한 총 약 40회의 강간 또는 강제추행을 각각 매우 구체적인 시간. 장소. 경위. 내용으로 상세하게 특정한 것이었다.

그러나 양소라는 2006년 7월경 이 사건 형사고소를 모두 취소하였고, 이에 따라 이 사건 12인은 2006년 10월경 검찰에서 '공소권 없음'의 불기소처분을 받았다.

라. 그로부터 약 3년 후, 양소라는 2009년 8월 28일에, 장

서령은 2009년 9월 3일에 각각 자살하였다.

마. 다시 약 5년 후, 피고인은 2014년 4월경 서울중앙지방법원에 이 사건 12인을 상대로 위자료 지급을 구하는 소(이하 '이 사건 민사소송'이라 한다)를 제기하였다. 그 청구 원인은 "양소라가 이 사건 12인의 위와 같은 강간, 강제추행으로 받은 정신적 충격 때문에 자살하였고, 장서령도 그와 마찬가지로 받은 충격 및 언니의 자살로 인한 충격 때문에 자살하였으며, 이로써 양소라, 장서령, 피고인은 이 사건 12인의 공동불법행위로 인한 정신적 피해를 입었다."라는 요지였다. 그러나 피고인은 2015년 8월경 이 사건 민사소송에서 패소하였다. 그 이유는 "양소라가 2004년경 피고들(이 사건 12인)로부터 강간 내지 업무상위력 등에 의한 간음이나 강제추행 등의 성폭행을 당하였다고 볼 여지가 있으나, 이 사건 소는 청구원인 상의 성폭행 시기 및 자살 시기로부터 민법 제766조 제1항에 따른 3년의 소멸시효가 지난 후에 제기되었으므로 원고(피고인)의 청구는 이유 없다."라는 요지였다.

2. 적시된 사실의 허위성 및 그에 대한 범의의 입증 책임

형사재판에서 공소가 제기된 범죄의 구성요건을 이루는 사실은 그것이 주관적 요건이든 객관적 요건이든 입증 책임이 검사에게 있으므로, 형법 제 307조 제2항의 허위사실적시에 의한 명예훼손죄로 기소된 사람의 사회적 평가를 떨어뜨리는 사실이 적시되었다는 점, 적시된 사실이 객관적으로 진실에 부합하지 아니하여 허위일 뿐만 아니라 적시된 사실이 허위라는 것을 피고인이 이를 인식하고서 이를 적시였다는 점은 모두 검사가 입증하여야 하고, 이 경우 적시된 사실이 허위의 사실인지 여부를 판단할 때에는 적시된 사실의 내용 전체의 취지를 살펴보아야 하고, 중요한 부분이 객관적 사실과 합치되는 경우에는 세부에 있어서 진실과 약간 차이가 나거나 다소 있다고 하더라도 이를 허위의 사실이라고 볼 수 없다. (대법원 2014.9.4.선고 2012도13718 판결 등 참조)

즉, 허위사실 적시에 의한 명예훼손죄에서 적시된 사실의 허위성 및 그에 대한 범의의 입증 책임은 형사재판의 대원칙에 따라 모두 검사에게 있다. 다만 적시된 사실의 허위성이 '어떤 사실의 부존재'라는 진실에서 비롯된 경우, 즉 '존재하는 어떤 사실을 부존재하는 것처럼 적시한 행위'가 아니라 '부존재하는 어떤 사실을 존재하는 것처럼 행위'로 인하여 공소가 제기된 경우에는 입증 책임의 근본적 한계(이른바 악마의 증명 문제) 때문에 검사에게 원칙적인 수준(법관으로 하여금 합리적인 의심을 할 여지가 없을 정도의 확신을 가지게 하는 정도)의 증명을 요구하기는 어렵다.

따라서 이 경우 실제로는 검사가 '해당 사실의 부존재'를 어느 정도 뒷받침할 정황을 제시함으로써 허위성 및 그에 대한 범의의 입증책임을 일응 다하였다고 보고, 반대로 피고인이 '해당 사실의 존재'를 입증하지 못하는 이상 허위성은 증명되었다고 인정함이 일반적으로 타당할 것이다. 그러나 이 경우에도 만약 '해당 사실이 존재' 가능성이 상당히 있는 한편 피고인에게 그 입증을 요구하기 어려운 합리적 이유가 있다면, 위 대원칙으로 돌아가 허위성의 증명은 실패하였다고 보아야 한다.

3. 피고인이 적시한 사실이 허위인지 여부

살피건대, 위 백보드판에 기재된 내용은 비록 '이 사건 12인 모두가 양소라를 강간하였는지'와 '이 사건 12인이 양소라를 상대로 살인을 범하였는지' 등에 있어서 이 사건 민사소송 청구원인에 비하여 과장된 것으로 보이기는 하되,

ㄱ. 이 사건 민사소송 청구원인에 따르면 양소라를 상대로 이 사건 12인 중 적어도 4인은 강간을 범하였고 나머지 8인도 위 4인의 강간과 시점. 기회 등에 있어 매우 밀접한 관련 아래 강제추행을 범하였다는 것인 점,

ㄴ. 이 사건 민사소송 청구원인에 따르면 이 사건 12인의 강간, 강제추행 범행은 양소라와 장서령의 자살에 결정적인 원인이 되었다는 것인바,

이러한 사실관계가 형법상 살인죄의 구성요건에는 해당하지 않는다 하더라도 이를 '살인'으로 표현하는 것이 일

반의 법적 관념상 부당하다고 보기는 어려운 점 등을 고려하면, 그 중요한 부분이 모두 이 사건 민사소송 청구원인에 기초한 것으로 보인다. 그리고 이 사건 민사소송 청구원인은 이 사건 형사고소 혐의사실을 포함하며 그 연장선 상에 있다.

따라서 위 백보드판에 기재된 내용을 허위라고 단정하려면, 그 전제로서 먼저 그 기초가 이 사건 형사고소 혐의사실 및 이 사건 민사소송 청구원인을 모두 허위로 인정하여야만 할 것이다. 그러나 위 기초 사실과 기록에 의하여 알 수 있거나 경험칙에 속하는 다음의 사정을 종합하면, 이 사건 형사고소 혐의사실 및 이 사건 민사소송 청구원인은 진실할 가능성이 적어도 상당히 있는 한편 피고인에게는 이를 입증하기 어려운 합리적 이유가 있다고 판단되므로, 이를 허위라고 인정하기는 어렵다.

1. 양소라는 생전에 이 사건 12인으로부터 강간, 강제추행을 당한 내용에 대하여 일기장과 메모를 작성하였고, 이에 따라 이 사건 형사고소 혐의사실을 매우 구체적으로 특정하였으며, 같은 내용에 기초하여 유서까지 작성한 뒤

자살하였다. 한편 양소라가 '사람을 대하는 것의 어려움'을 비롯한 성격장애를 호소한 것 외에 망상 등 객관적 사실을 왜곡하여 인식 내지 진술할 만한 정신적 문제를 보였음을 인정할 자료는 없다.

2. 양소라는 2004년 5월경부터 정신과 치료를 받는 등 이전부터 이미 정신적으로 불안한 상태에 있었고, 이 사건 12인과 모종의 관계를 가진 이후 자살 직전까지 2004년 12월 등의 수차례 입원 치료를 비롯하여 장기간 정기적으로 정신과 치료를 받았던 바, 이로부터 양소라가 2004년 당시 범죄에 특히 취약한 상태였던 한편 그 무렵 어떤 계기로 심한 충격을 받았음을 엿볼 수 있다.

특히 양소라는 2004년 11월경부터 고소 취소 무렵까지 지속적으로 담당 의사에게 이 사건 형사고소 혐의사실과 같은 성폭력 피해 및 그로 인한 심적 고통, 그리고 형사절차에서 파생된 (가해자들과의 대면 등으로 인한) 2차 피해를 호소하였으며, 양소라에 대한 정신과 진료의 소견과도 부합한다. (담당 의사의 소견)

3. 이 사건 12인 중 이 사건 형사고소에서 강간 혐의자로 특정된 4인(○영○, ○태○, ○선○, ○도○)은 양소라와의 성관계 사실을 인정하였다. ○영○만은 이를 부인하나, 양소라는 ○영○에 의한 강간을 이 사건 형사고소 혐의사실 중 최초이자 가장 주요한 것으로 지목한 바 있고, 이 사건 민사소송의 판결에서는 ○영○과 양소라의 성관계 사실이 인정되었다.

나아가 위 판결에서는 위 4인과 양소라와의 성관계가 그 시점 (3개월여의 같은 시기에 걸침), 양소라의 평소 행태 (성적으로 문란한 생활을 한 것으로 보이지 않음) 및 당시 상태 (정신과적 증상이 악화되어 치료를 받고 있었음), 이 4인의 지위 및 관계 (보조출연자들을 관리, 감독하는 지위에 있으면서 직장 동료들임), 위 4인 사이의 서로에 대한 양소라와의 성관계 사실 인식 (다른 사람과의 성관계 사실을 알면서 양소라와 성관계를 하였음) 등에 비추어 비정상적인 성관계라고 추정되었으며, 이러한 추정은 타당하다고 판단된다.

4. 보조출연 업계에서는 연예계에 대한 일반의 높은 선망

을 배경으로 공급(지망자)이 수요를 상시적으로 초과하고 있고, 이 사건 12인을 비롯한 ○○캐스팅○ 직원들(특히 10여명의 반장들)도 위와 같은 현실을 기회로 보조출연자들의 출연 기회에 관하여 막대한 권한을 행사하고 있었다. 그럼에도 보조출연 업체의 보조출연자들에 대한 권한 남용 또는 성폭력을 예방 내지 시정하기 위한 특별한 제도적 장치는 전혀 없었다.

5. 이 사건 12인은 이 사건 형사고소 이래 각자의 혐의사실을 완강하게 부인하거나 정상적인 교제에 따른 성관계였다는 등의 변명으로 일관하였다. 이에 따라 양소라는 객관적 증거가 부족한 상황에서 다수의 가해자. 혐의사실에 관하여 반복적으로 자세하게 조사를 받는 동안 치욕감, 모멸감, 무기력감, 증오심 등 적잖은 정신적 고통을 재차 겪었을 것으로 보인다. 양소라가 이런 고통을 감수하면서까지 허위로 이 사건 형사고소를 하고 1년 반 이상이나 유지하였을 만한 뚜렷한 동기를 찾기 어려운 한편, 이런 고통은 당초부터 정신적으로 불안했던 양소라가 혐의사실의 진실성에도 불구하고 고소를 취소할 이유가 되기

에 충분했던 것으로 짐작된다. 양소라도 고소 취소 당시 의사에게 "조사받는 과정에서 진실을 밝히기가 힘들다는 사실을 알게 되었고, 다시 그 사건들을 기억하는 것을 참을 수 없다."라는 취지로 진술하여 이런 짐작을 뒷받침한다.

6. 이 사건 12인이 이 사건 형사고소에 따라 유죄판결을 받거나 이 사건 민사소송에 따라 패소판결을 받지 아니한 직접적 이유는, 그 혐의사실이나 청구원인이 실체에 관한 충분한 조사. 심리 끝에 허위로 판명되었기 때문이 아니라 (오히려 민사소송에서는 그 진실성이 상당 부분 인정되었다) 양소라가 고소를 취소하였고 피고인이 소멸시효기간 결과 후에 제소하였기 때문이다. 그러나 양소라가 고소를 취소한 사실이 혐의사실의 허위성을 뒷받침한다고 보기 어려운 점은 5. 항에서 본 바와 같고, 피고인이 두 딸의 자살로 받은 정신적 충격이라든가 이 사건 12인에 대한 불기소처분으로 빚어진 현실적 입증 곤란 등을 고려하면 피고인이 늦어서야 제소한 사실 역시 혐의사실의 허위성에서 기인하였다거나 피고인의 귀책 사유에서 비롯

되었다고 단정하기 어렵다.

7. 설령 이 사건 형사고소 혐의사실 및 이 사건 민사소송 청구원인이 모두 진실하다 하더라도, 피고인으로서는 양소라의 사망, 이 사건 형사고소에서의 불기소처분, 이 사건 민사소송에서의 패소확정판결로 말미암아 현재 이를 입증하는 것이 사실상 불가능하게 되었으며, 위 5, 6항에서 본 사정을 고려하면 이런 입증 장애 사유들 중 어느 것도 이를 피고인의 책임으로 돌리기 어렵다.

4. 피고인에게 허위사실 적시에 대한 범의가 있었는지 여부

설령 위 백보드판에 기재된 내용(나아가 이 사건 형사고소 혐의사실 및 이 사건 민사소송 청구원인)이 객관적으로 허위라고 가정하더라도, 피고인이 이 제3항에서 본 바와 같은 양소라의 기록, 진술, 정신 상태, 사건 전후의 행태 등을 근거로 그 진실성을 확신하였을 가능성이 높다고

판단되는 이상, 피고인이 그 허위성을 어떤 정도로든 인식하였다는 전제에서 허위사실 적시에 대한 범의의 존재를 인정할 수는 없다.

결론

그렇다면, 이 사건은 어느 모로 보나 범죄사실의 증명이 없는 때에 해당하므로 형사소송법 제325조 후단에 따라 피고인에 대하여 무죄를 선고한다.

부언

이 판결의 결론은 망인이 이 사건 12인을 상대로 제기한 혐의가 모두 진실임을 확인하는 것이 아니고, 피고인의 공소사실 기재 행위를 일방적으로 두둔하는 것도 아니며, 이 사건 12인이 범한 법률로 논단하기 어려운 어떤 과오를 단정하는 것도 아니다. 위 결론에 이르는 과정에서 적용된 법리나 판단기준이 적법한 절차로써 진위가 밝혀지지 않는 의혹에 근거한 무분별한 비방 행위를 정당화할 근거로 오용되는 것 역시 이 법원이 의도하는 바가 아니다. 이 법원은 단지 '친고죄에 대한 고소 취소'나 '사법상 권리의 소멸시효 완성'에 따른 법적 효과가 피해자 측의 의사, 장기간 지속된 사실상태 등의 다른 가치를 존중하기 위하여 진실 발견이라는 사법의 기본적 책무를 일부 포기한데 따른 일종의 필요악일 뿐이지 범행이나 권리가 당초부터 부존재하였음을 확정짓는 취지는 아니라는, 또한 그런 법적 효과가 범행이나 권리를 주장하는 사람에게 도리어 가외의 불이익을 가할 근거로 원용됨이 적어도 특정한 경우에 있어서는 제한되어야 한다는 소박한 이치를 주목하여 위 결론에 이른 것이다. 위 결론이 그 밖의 취지로 오해되는 일을 경계한다.

다만 이 법원은 피고인과 두 딸이 겪은 일련의 사건에서 공권력이 범한 참담한 실패와 이로 인하여 가중되었을 그들의 극심한 괴로움을 보며 깊은 좌절과 슬픔을 금할 수 없다. 물론 이 사건과 관련한 수사권이나 사법권의 실패는 사안의 성격 및 입법 선택에 따른 부득이한 결과로서의 성격이 강하고, 그에 앞선 입법권이나 행정권의 실패 또한 헌법이나 법률에 위배되었다고 단정하기는 어렵다. 그러나 공권력이 양소라에게 가해졌을지 모를 폭력과 악행에 대한 실효적 예방책을 마련하지도, 진상을 밝혀내고 가해자에게 응분의 책임을 물음으로써 피고인 측에 치유받을 기회를 주지도 못한 사실만큼은 분명한바, 그 부작위가 두 자매의 자살이라는 참혹한 결과로 이어졌을 개연성에 비추어 보면 이는 국가 공권력의 총체적 실패라고 하지 않을 수 없다. 경찰과 검찰로서는 유죄로 확정되지 않은 이 사건 12인의 인권을 보장하기 위하여 불가피하게 이 사건의 수사와 공소제기에 이르렀음을 감안하더라도, 공권력이 이런 자신의 부끄러운 실패를 도외시한 채 바로 그 실패에서 비롯된 어머니의 절망적 몸부림을 단죄하는 모습에 시민의 안전과 행복을 위하여 존재할 뿐 아니라 가장 높은 윤리적 기준에 따라 행사되어야 할 공권력의 본질에 반하는 측면이 있다고 생각한다.

이에 이 법원은 공권력의 한 수임자로서 위와 같은 공

권력의 총체적 실패를 외람되이 자책하고 반성하는 한편, 피고인과 두 딸이 겪어야 했던 길고도 모진 고통에 대해 마음 깊은 곳으로부터의 사과와 간곡한 위로의 뜻을 전한다. 부디 이 판결이 참척의 아픔 속에 살아가는 피고인의 여생에 잠시나마 위안이 되고, 꽃다운 나이에 세상을 버린 두 자매의 안식에 작으나마 도움이 되기를 기원한다.

판사 정욱도

가해자, 그리고 원흉과 맞서 싸우다

여전히 적반하장인 원흉

　우리 딸들께서 이승을 떠난 지 이제 15년째이다. 단 하루도 1분도 잊은 적 없다. 오직 대한민국 ○○○경찰을 저주하면서. 카르텔의 조직, 폐쇄적인 계급! 검경을, 내 가족을 풍비박산을 낸 원흉 ○관○을 만날 날을 기도하고 소원하면서 살아왔었다. 성폭행은 12명한테 당했지만 내 딸들을 다 죽인 것은, 2차 가해자이자 범죄자는 대한민국 경찰관 반인륜 원흉 ○관○이라고 난 세상에 알리고 죽어야 한다는 일념으로 지금도 이렇게 적고 적어 나간다.
　어느 날 난 ○관○을 찾았다. ○관○이가 ○○경찰서 상황실에 숨어 지낸다고 전화를 했더니 나더러 썩을 년, 정신병자라고 욕을 했다. 녹음 내용은 유튜브에 있다. 우리 딸들 영정사진을 들고 찾아 갔더니 나도 모른다, 내 딸들도 모른다고 동영상으로 촬영하면서 명예훼손으로 고소한다, 길길이 날뛰고 현관문을 닫으려다 나에게 부상까지 입혔다. 그날의 과정은 오롯이 녹음해뒀다. 아래는 그때 상황을 정리한 녹취록이다.

○관○ : 저하고는 15분도 얘기도 안했어요.
엄마 : 그렇게 얘기하지 마. 나야, 엄마였던 사람이잖아.
○관○ : 사건 담당한테 얘기를 해야지.
엄마 : 나는 ○관○을 만나기 위해 이제껏 산 사람이라고.
○관○ : 서울(경찰)청이나 본청에 가서.
엄마 : 난 할 얘기 있다고.
○관○ : (큰소리로) 내용을 모르니까 담당이나 아닌 나한테 와서.
엄마 : 니가 담당이지.
○관○ : 정당한 절차를 거쳐서 이렇게 와야지. (큰소리로) 여기 있는 곳 알려 준 사람 다 찾아서 명예훼손으로 고소할 거야. (큰소리로, ○○경찰서 떠나가도록. 경찰들이 빼곡하게 모여 들었음. 동영상 찍으면서…)

엄마 : (영정사진 2개 들고) 니가 내 딸들 다 죽였어.

○관○ : 아니, 내가 그 딸들을 어떻게 알아. (주 : 물론 거짓말이다.)

엄마 : (영정사진 2개 들고) 얘도 모르냐? 너 얘 몰라?

○관○ : (아주 큰 소리로) 고소를 하세요.

엄마 : 그럼 ○관○을 내가 어떻게 아냐?

○관○ : (큰소리로) 다른 사람이 한 걸 나한테.

엄마 : 내가 산증인이잖아. 엄마가 살아 있잖아, 엄마가….

○관○ : (큰소리로) 아줌마.

엄마 : 아저씨가 한참 후에 어느 사무실에서…

○관○ : 그때 당시에 소라랑 차도 한잔씩 하고 대학 공부도 하고 참 참해 보였어요 (주 : 거짓말이다. 그때 소라는 대학원생이야. 거짓말쟁이! 소라는 그때 환자였기에 엄마랑 소라는 떨어지지도 않았고 무슨 차를 마셔! 15분 스쳐지났다 해놓고.)

엄마 : 왜 고소를 하느니, 그거 왜 해? 경찰관이 할 짓이야?

조카 : 아까 현관문 닫으면서 고모 팔 다치게 한 것 사과

하세요.

○관○ : 하여튼 죄송합니다.

엄마 : 100억을 준다고?

○관○ : 네.

엄마 : 써, 쓰라고. 너 100억 있냐? 너는 도둑놈이야. 공무원이 100억 있으면 도둑놈이야.

○관○ : 네, 아주 많은데 우선입니다.

9년 만에 연 딸들의 장례식

 어느 날 갑자기 미투 열풍이 불었다. 잠잘 시간도 밥 먹는 시간도 부족하리만큼 이곳저곳 방송이란 방송과 온갖 언론사에 전화가 불통이 될 만큼 연락이 오고 또 왔었다. 집 앞에서 대기하는 방송사도 있었다. 고민이 생겼다. 그런데 인터뷰를 할 수 없었다. 이 사건을 맨 처음 세상에 알린 것도 JTBC였고, 이 사건에 대해서 장시간 방송할 수 있는 것도 JTBC이기에 난 선택을 할 수밖에 없었다. 지금도 자랑스럽고 고마운 방송사이다. 모든 자료는 차떼기로 가져갔었다. 이만큼 세상에 알릴 수 있었기에 여기까지 왔다고 여긴다.

그렇게 단시간 인터뷰는 종일 방송 여기저기 나갔었다. 2018년엔 쪽잠을 잤었다. 몇 개월 동안 JTBC 라정주 PD 외 스태프들과 주야로 여기저기 다니면서 촬영을 했다. 청와대 국민청원을 알리러 여기저기 전단지를 뿌리는 것을 병행하며, 몸이 아파 약을 복용하면서, 죽을 사 먹으면서 후회 없이 기회를 맞이했었다.

자살 유가족 모임 '자작나무'를 운영하는 서울시자살예방센터장님과 센터 직원분들도 눈비오는 억센 겨울에 함께 전단지 돌리는데 동참했다. 아픈 내게 죽과 약을 사주면서 동참해 주셨다. 그렇게 세상엔 알려졌지만 가해자 12명과 ○관○은 방송에서도 잡아떼기로만 일관했다. 난 이를 기회로 삼아 차례로 시위하기로, 거룩한 엄마의 이름으로 가해자를 한 마리 두 마리 그렇게 세상에 알리기 시작했다.

이 사건을 알리는 책을 함께 집필하기로 했던 기자분이 로스쿨에 갔는데 동료가 아르바이트로 한국여성인권진흥원에 근무하다 진흥원 원장님께 사건을 전했고, 나는 그분과 곧 미팅을 가지게 되었다. 이를 계기로 한동안 제대로 열지 못했던 딸들에 대한 장례식까지 진행이 되었었다. 아래는 장례식 날. 수많은 분들, 여성가족부 장관님, 경찰청 과장님 외 저희 쪽의 고교 동창들이나 선후배님들이 함께 해주셨던 장례식이 열린 어느 강당에서 들려 드렸던 내용입니다.

감사합니다. 저는 세칭 '단역배우 두 자매 자살 사건' 엄마 장연록입니다. (소라는) 2009년 8월 28일 18층 18분 18초, 유품인 지갑 속에 8천원, 승화원 8호실에서 이승을 떠났습니다. 그렇게 소라는 억울함을 숫자로 남긴 채 저승으로 가셨습니다. (동생은) 알바를 소개했던, 절대적인 제2의 존재 언니를 따라 6일뒤 같은 방법으로 저승으로 갔습니다. 그 후 2개월 뒤 아빠도 따라 갔습니다. 귀도 막히고 눈도 막히고 오직 엄마! 꼬옥! 엄마는 강하니깐 원수 갚고 20년 후에 만나요라는 말만 뇌리에서 메아리쳤습니다. 다리에 힘이 풀려 지팡이에 의지한 채 하늘이 부끄러워 모자를 쓰면서 몇 달을 지냈고 꼬옥 병원 다니라는 막내 간곡한 부탁이 있어 병원도 다녔지요.

여러분! 자살! 자살이라는 대한민국의 금기어 때문에 오명 때문에 형제 친인척들은 쉬! 쉬! 바뀌어야 합니다. (두 딸들은) 억울해서, 아파서, 못 견뎌서 자살했습니다. 저는 억울합니다. 보는 것도 아까울 만큼 애지중지 키웠습니다. 보고 싶습니다. 그립습니다. 1초 만이라도 목소리 한번 듣고 싶습니다.

○○경찰서 ○관○ 경찰은 14년 전에도 지금도 숱한 협박을 합니다. 3번째 강간범한테 역고소당하고 또 당했습니다. 딸을 낳으면 뭐 하나요. 강간당하고 죽임당하고 폭행당하고 딸들을 키울 수 있는 나랍니까? 네 사람이 살다가 세 사람이 죽어 몇 년을 약으로 지내온 사람한테 공소시효가 웬 말입니까? 소멸시효가 웬 말입니까? 선거 때면 한 표 한 표 찍어 높은 자리에 올라가면 툭하면 특검. 특별법 만들고 힘 없는 우리네는 유전무죄 무전유죄, 한 가정이 풍비박산이 난 살인 사건에 정신줄을 놓아버린 엄마한테 공소시효를 적용해야만 합니까? 강제로 취하하게 해 놓고 무혐의가 웬말입니까? 아무리 증거 공화국이지만 시퍼렇게 살아 피를 토하며 울다 울다 오른쪽 눈은 실명 왼쪽도 실명 위기, 억울함을 외치는 엄마가 증거요, 세 사

람이 죽은 것이 증거입니다.

　보물 1호는 여성부 장관을 꿈꾸며 대학원을 다녔고 보물 2호는 최고의 탤런트를 꿈꾸며 예술대를 다녔습니다. ○관○ 경찰은 사표내야 하고 연금 박탈해야 합니다. 내 딸은 아가씨도 아니요, 아줌마도 아닌 대학원생이었어요. 어떻게 "튼튼하게 생겼네, 588가면 하루 30명 40명 상대해도 자가용 끌고 돈 벌면서 산다."고 말을 합니까? ○○○경찰서 형사 30명은 내 딸을 에워싸며 "어이! 12명 상대한 아가씨인지 아줌마인지 얼굴 좀 보게 강간당한 장면을 묘사하라." 제 딸이 제정신이 돌아온들 살겠습니까? 어떻게 성기를 그려라, 강간당한 장면을 묘사하라고 하며 가해자와 경찰이 피해자 옆에서 키득거리며 웃을 수 있나요. 이게 대한민국 혈세로 봉급 받는 경찰이 맞나요?

　썩었습니다. 대한민국 ○○○경찰은 살인자입니다. 내 딸들을 살려내라! 살인자 경찰들 바뀌어야 합니다. 반성해야 합니다. 강간범 없는 나라, 성폭행 없는 나라 만들어야 합니다. 오늘 이렇게 참석해주심에 여러분들 감사합니다. 고맙습니다.

　　　　　　2018년 8월 28일, 9년 만에 치러진 장례식에서.

황망한 소라의 죽음으로 장례식을 치르지 못한 것이 애달팠다. 9년 만에 치르진 장례식 아침에 난 독백을 했다. 오늘 같은 날 하늘에서 슬픔을 비와 함께 했으면 했는데 몇십 년 만에 비가 제일 많이 왔다 했었다. 난 안에 있었기에 몰랐지만 조문객들은 옷이며 양말까지 흠뻑 젖었다. 모든 언론사와 연합뉴스를 맞이하며 하루가 마무리되었다. 쏟아진 비를 뚫고 손용석 기자님께서도 여지없이 조문 오셨다. 물론 많은 분들께 감사! 감사의 말씀을 거듭 드립니다. 1차로 마음의 짐은 덜었다. 다음 날은 많은 근조 화환을 뒤로 하고 몇 개만 가지고 음식과 같이 산소에 다녀왔다. 얼마 지나지 않아 법정에서의 고소 전쟁이 시작되었다. 현재는 물론 앞으로도 계속 될 것이다.

가해자가 제기한 적반하장 소송

　16일 날 코로나-19 백신을 맞았다. 하루 반을 실컷 앓고, 툭툭 털고 일어나서 다시 이 글을 쓴다.
　가해자 3마리가 회사에서 잘렸다면서 1억 5천만원 규모의 민사소송을 제기했었다. 난 법무법인 에이원에서 검사 출신 김 변호사님 외 2분을 무료로 변호사로 선임해주셨고, 가해자들은 전용 변호사가 선임 됐었다. 3년 반 정도 법정 싸움 끝에 소멸시효가 지났다는 이유로 패소하여 1,620만원을 지급했었다. 어처구니가 없고 황당한 것은 담당 판사 ○지○씨가 내게 말한 내용이다. ○지○ 판사 왈! 판사 직을 못하게 하면 뭘 해먹고 살란 말이냐, 가해자들을 그 바닥에서 그만 두라면 뭘 해먹고 살란 말이냐. 나도 딸 둘이다. 장연록씨 심정은 이해한다.
　허허, 기가 찹니다. 세 사람이 다 죽었는데 가해자 편을 들다니. 네, 패소했습니다. 이해요? 그런데 한 마리는 이직한 지 오래였거든요. 유불리를 따져도 보지 않았단 것이죠. 이런 것이 유권! 무죄! 유전! 무죄! 입니다. 난 본격적으로 시위를 시작했습니다. 3마리가 민사소송한 주소 따라 찾아 나섰는데, 고소한 강간범들 중 매독균자 쌍둥이인 형 김○○ 집을 택시 타고 덥디더운 날 집 앞에 가서, 엘리베이터도 없는 낡은 빌라 5층까지 헉헉대며 올라가서 벨을 누르며 김○○ 댁이냐 했더니 그렇다 하여 확인 후 내려가려는데 어떤 아낙이 어린애를 업고 들어오라 했죠. 됐다 하니 굳이 들어 오라해서 들어가려는데 남자아이 한 명이 배꼽인사를 하더니 아빠는 회사 갔어요, 라고 묻지도 않는데 알려 주더군요.

 들어가서 앉았는데 식탁으로 앉으라, 물을 준다 하여 그러라 하고 물을 연거푸 두 컵을 마셨지요. 몇 마디 했는데 부인이 옛날 일이고 총각 때 일이라 상관하지 않는다 하더군요. 세 사람이 죽은 일인데 옛날 일이라 하데요. 아이가 묻지도 않았는데 아빤 회사 갔어요, 라더니 5분도 채 되지 않아 세 번째 강간범이 나타났어요. 오자마자 흥분하기 시작하더니 어디에다 끊임없이 전화하고 문자를 하더니 내게 한 말 그런 사실 없다 잡아떼며 잘못 찾아왔다며 경찰서 가자 하여 그러자 하고 나오려는데 초라하고 허름한 5층 빌라 집에 철통같이 겹겹이 자물쇠, 번호키, 보조키를 달았기에 내가 문을 못열어 결국 강간범이 열었거든요. 지은 죄가 많긴 많죠.

　5층 계단을 내려오면서 숱한 육두문자를 했어요. 가자든 경찰서는 아니 가고 어두컴컴한 으슥한 곳 산길을 가기에 난 돌아섰죠. 2004년에 많이 폭행당했거든요. 그렇게 또다시 폭행당했죠. 갖은 죄명은 다 붙여 날 고소를 했는데 난 무혐의! 이고 김○○은 벌금 100만원 나왔는데 1심 2심 3심 3년 넘게 걸려 그대로 100만원이 확정되었어요. 그 후 판결문에 적힌 주소 따라 갔더니 폐가가 되어 있어 그냥 오고 말았습니다. 시간이 걸리긴 하겠지만 민사소송 중입니다.

　원흉은 2004년부터 지금껏 나만 보면 의식을 하는 것 같아요. 육두에다 폭언에다 폭행에다 고성으로 이성을 잃게 하는 의식을 하더군요. 그렇게 또 난 이성을 잃을 때가 많았습니다. 거의 원흉의 의식에 이끌린 것 같아요. 대한민국 경찰들은 수준 미달이 너무 많아요. 피해자랑 가해자랑 뒤바뀌는 방법만 수준급입니다. 미개한 나라 경찰입니다. 원흉만 아니었으면 지금 이렇게 슬프고 억울하고 아픈 얘기를 적을 이유가 없는 거죠. 내 생명 다하는 그 순간까지 원흉을 규탄하는 시위는 주욱 할 겁니다. 다음은

○관○과의 법정 싸움 중 변호사와 원흉과의 문답입니다.

변호사 : 증인은 피고인을 알고 있나요.
○관○ : 2005년, 제가 이 범죄 목록을 보니까 2005년 1월 말경부터 알고 있습니다.
변호사 : 피고인이 ○○지구대 앞에서 시위한 것은 맞나요.
○관○ : 이 사건 발생하기 한 열흘, 일주일 열흘 전부터 시작해서 작년 가을까지 계속 했습니다.
변호사 : 피고인이 ○○지구대 앞에 왔던 이유는 무엇였나요.
○관○ : 민사소송 때 서울중앙법원 조정위원장님께서 화해권고를 하셨는데 불발이었고 법원에서 만나지 않았다면 제 얼굴을 기억 못 했을 겁니다.
변호사 : 피고인으로부터 구체적으로 어떠한 폭행을 당했나요.
○관○ : 얼굴에 침도 뱉고, 지금도 그 옷 그 잠바 지금도 보관하고 있습니다. 혹시라도 뭐라고 하면,
변호사 : 피고인이 먼저 옷을 잡고 욕설을 하니까 안으로

들어가자는 취지로 가려고 했다는 것이지요

○관○ : 예.

변호사 : CCTV 상으로 벚꽃나무 말고 ○○지구대 앞에서는 따로 피고인이 한 게 없었나요. 지구대 앞쪽까지는 가셨잖아요.

○관○ : 발길질도 하시고, 얼굴에 침도 뱉고, 저 뒤쪽에서 침을 한번 뱉어서 내가 손을 잡고 "가서 이야기 좀 하자" 그런 것이고, 오다가 또 한 번 침 뱉고,

변호사 : 증인은 2005년경 서울 ○○○경찰서에 근무할 당시 피고인의 큰딸 양소라 씨가 강간 등 피해 사실로 고소했던 사건을 수사했던 사실이 있으시지요.

○관○ : 예.

변호사 : 제가 기록상 확인한 내용으로는 어머님께서 2005년 4월 2일 증인을 면담하신 내용이 기록되어 있어요. 그것은 기억이 전혀 안 나시나요.

○관○ : 그것은, 거기 왔다 가신 그것은 사실 아까도 얘기했지만 15년 된, 17년 된 것이잖아요. 그러니까 왔다 가신 것은 거기까지는 제가 기억을 못하지요.

변호사 : 증인께서 피고인이나 또는 양소라 또는 양소정

과 이 사건과 관련해서 만나 조사를 하거나 또는 이렇게 대화를 나누던 중에 "이게 사건이 된다고 생각하느냐"는 취지의 말을 하신 적이 없나요.

○관○ : 단 한 번도 안했습니다.

변호사 : 증인은 피고인에게 "몸을 뒤져서 녹음기가 나오면 바로 구속시킨다"는 말을 하지 않으셨나요.

○관○ : 전혀 뭔 소리인지, 뭘 물어보는지 저는 이해를 못 하겠습니다.

○관○ : 증인은 피고인의 큰딸 통화기록과 가해자 중 한 명인 ○영○ 통화기록을 떼어오라는 요구를 하신 적은 없나요.

○관○ : 없습니다.

변호사 : 증인은 피고인의 큰딸 병원기록을 떼어 오라는 요구를 하신 적이 없나요.

○관○ : 예.

변호사 : 피고소인들로부터 자필 진술서 같은 것을 받은 사실이 있나요.

○관○ : 제출하라고 한 적 있습니다. 예.

변호사 : 증인은 하얀 봉투 한 뭉치를 들고 책상에 내리치

면서 피고인에게 "여기 다 있다." "이게 사건이 된다고 생각하느냐."는 말을 하지는 않으셨나요.

○관○ : 없습니다.

변호사 : 증인은 증인의 얘기를 듣고 바닥에 주저앉아 울고 있던 피고인에게 "재수 없다, 나가라."고 말을 하지는 않으셨나요.

○관○ : 없습니다

변호사 : 증인은 "성인이니까 사건이 아니 된다." 이런 얘기를 피해자에게 말한 사실이 없습니까.

○관○ : 안 했습니다.

변호사 : 증인은 "소라야, 12명 갖고 뭘 그래, 588 같은 곳 가면 하루 30명을 상대해도 다들 돈 많이 벌어 자가용 끌고 잘 살아."라고 하신 적이 없나요.

○관○ : 안 했습니다.

변호사 : 증인은 피해자에게 "소나기 지나가듯 지나간다." "서로 사랑했지 않냐."라고 말씀 하신 적은 없나요.

○관○ : 예.

변호사 : 증인은 "4명 성기 자세히 그릴 수 있으면 사건 맡아 줄게. 어차피 성인이니깐 고소해봤자 진다."는 얘기

를 하지는 않으셨나요.

○관○ : 예.

변호사 : 증인은 "합의하고 얼른 사회에 적응해야지 소라야" "어느 슈퍼마켓 아가씨는 강간당해 미쳐 버렸는데, 소나기 지나가듯 괜찮아졌다. 지금은 부모님 돕고 있다. 어쩌다 슈퍼마켓 지나가면 음료수도 주곤 한다."는 말을 하지는 않으셨나요.

○관○ : 안 했습니다.

변호사 : 증인은 피고인의 딸인 피해자를 한 번 밖에 만난 적이 없으신 것인가요.

○관○ : 예.

변호사 : 한 번 밖에 만난 적이 없으신 게 분명한 것인가요.

○관○ : 예.

변호사 : 증인은 피고인의 큰 딸을 피해자로 조사하면서 조서를 작성한 사실이 있으세요.

○관○ : 있습니다. 한 다섯 줄 정도 작성했습니다. 다섯 줄, 다섯 줄에서 열 줄.

변호사 : 30명 정도 근무하는 사무실 안에는 양소라에 대

한 조사가 진행이 되었다. 그런 말씀인가요.

○관○ : 예.

변호사 : 그날 혹시 양소라를 데리고 비어 있는 회의실 가서 따로 얘기를 나누신 적은 없었나요.

○관○ : 저하고는 절대 없는 얘기입니다.

변호사 : 양소라에게 합의하라고 말씀하신 적도 전혀 없나요.

○관○ : 전혀, 전혀 저하고 관계 없는 얘기입니다.

변호사 : ○○지구대에서 갑자기 가던 방향을 바꾸어서 피고의 팔을 잡고 "니년을 진작에 죽였어야 했는데."라고 하지 않으셨나요.

○관○ : 말도 안 되는 얘기는, 참….

변호사 : 피고인의 손목을 잡은 채로 피고인을 지구대 사무실 안까지 끌고 간 것은 맞나요.

○관○ : 맞습니다.

변호사 : 지금 재판도 받고 계실 것 아니에요.

○관○ : 예, 그래서 올해 퇴직하는데 정부에서 별일 없으면 다 받는 훈장을 저는 못 받습니다. 이 사건 때문에.

* * *

○○지구대 앞에서 시위한 것은 원흉이 지구대장으로 근무 한 곳이라서 세상에 알리는 시위 시작했던 것입니다. 범법자들의 코스프레입니다. 마스크 썼었고 얼굴 가리개 했었고 한 손엔 전단지, 한 손엔 소형 마이크. 무슨 침을 그토록 여러 번 뱉었겠나요. 나이 먹으면 침도 많이 나오질 않아요. 더더욱 얼굴엔 침을 뱉지 않았거든요. 장애인을 위한 스테인리스 손잡이에 배와 가슴을 가운데 두고 지구대 안으로 끌고 가려 하면서 전날 법정에서 왜? 아무 말 아니했냐고 수 차례 컴플레인을 걸기에 한 번 침 뱉었죠. 그 또한 잠바에. 자신은 벚꽃나무 옆으로 쏜살같이 지났는데 무슨 침을요.

얼굴 기억을 못한다? 인간도 쓰레기도 아닙니다. 얼굴을 모른다고 하네요. 지구대 앞에서 수차례 제가 시위한 것 사진과 동영상 찍는 것 알고 있었는 걸요. 제 가정을 풍비박산 낸 원흉의 얼굴을 어떻게 잊겠습니까요? JTBC 기자들과 2018년도에 ○○경찰서에서 몇 시간을 여러 형사들과 함께 얘기했었고 페북에 올라온 사진을 알고 있는데요.

그냥 한마디 한마디를 내뱉으면 악마! 악마일 뿐입니다. 니년을 진작 죽였어야 한다며 지구대 안으로 끌고 가기에 ○○○경찰서에서 실신했던 트라우마로 끌려가지 않으려 발버둥 쳤을 뿐입니다. 욕설요. 그리고 제가 원흉 팔을 붙잡았답니다. 있을 수 없는 일이죠. 붙잡을 수 있는 손도, 그리고 휙 빠른 걸음으로 지나갔는데 무슨 욕설요. 범법자들의 코스프레입니다.

    세 사람이 죽었는데 범죄 목록을 보니깐!!! 이라네요. 여러분들 판사님께 원흉 왈, 퇴직 얼마 남지 않았는데 남들 다 받는 대통령상을 장연록 때문에 못 받게 됐다라고 말하데요. 내 가정은 풍비박산 났는데요. 원흉과 변호사님께서 문답중 잡아떼고 모른다 아니다 하여 제가 견딜 수 없어 너무 분해서 법정에서 뛰쳐나왔습니다. 도중에도 살려고요. 살아서 복수하려고요. 앞서의 내용은 변호사님께서 법정에서 받은 녹취록입니다.

    네, 원흉은 옛날 얘기랍니다. 이 엄마는 조금 전 일 같거든요. 어떻게 옛날 일이겠습니까, 여러분. 원흉은 조사는 하지 않고 거의 지쳐 자살하거나 포기할 때까지 그냥 오라 가라면서 악마 짓만 했었습니다. 조사하면 기록에 남게 되니깐, 이라면서요.

    그래서 죽었습니다. 그래서 자살했습니다. 억울하고 분해서 자살했습니다. 그래서 한 가정이 풍비박산 났습니다. 원흉은 소문대로 악명 높은 형사이자 원흉이 외쳐대는 대로 명수사관이었습니다. 세 사람을 죽였으니깐요. 원흉은 듣거라. 니 아들들은 더도 덜도 애비 만큼만 돼라고 모든 신들께 저주합니다.

사건을 수사하는 대신 피해자를 짓밟는 원흉

원흉에게는 하나의 매뉴얼이 있다.

1. 성인이 강간당하면 사건이 아니 된다.
2. 12명을 왜? 전과자 만들려 하냐 서로 좋았잖냐. 여기 책상에 수북하게 놓인 흰 봉투들을 내리치면서 이 안에 우편!!!으로 온 내용들이 있다. 서로 합의 하에 사랑을 했다는 내용이 쓰여있다.
3. 어느 슈퍼마켓 아가씨가 강간을 당해 정신병원에서 입원 치료를 했었는데 합의한 후 완치가 되어 부모님 가게 돌보며 지내는데 어쩌다 지나가면 반갑게 대하면서 음료를 주기도 한다. 소나기 지나가듯 그렇게~

4. 어차피 재판해봤자 진다. 성인이기 때문이다.
5. 588 가면 하루 30명 상대하면서 자가용 끌고 부자로 산다.
6. 원흉은 자신을 보고 "명수사관이다, ○○○경찰서에서 최고로 많이는 50명에서 100명 정도 구속시켰다."했다.
7. 소라야, 얼른 나아서 사회에 적응해야지이, 라면서 합의해라아~
8. 가해자 4명 성기를 자세히 그릴 수 있으면 사건을 해결해 주겠다고 했었다.

성폭행을 당한 피해자가 어떻게 가해자 성기를 그릴 수 있습니까? ○관○은 죽음의 열쇠를 쥐고 있는 살인자 원흉입니다. 소라는 아줌마도 성인도 아가씨도 아닌 대학원 다니는 학생, 여성부 장관을 꿈꿨던 대학원 여학생이었습니다.

○관○! 네, 이런 양아치가 대한민국의 경찰이었습니다. 소중한 세금, 아니 혈세, 국민들의 혈세로 철가방 속에서 쏘옥쏙 꺼내 호의호식자들, 양아치의 대한민국 대표 상징인 ○관○ 경찰입니다.

또한 국가손해배상건 패소했습니다. 소멸시효라 하네요. 네 사람이 살다 세 사람이 죽었는데 무슨 정신으로 3년 안에 소송을 해야 한단 말인가요? 5년을 넘게 죽을까? 말까? 제정신으로 살았겠습니까요? 정신이 돌아 가해자들을 응징해야 한다는 생각 들기까지 7~8년이 걸립니다. 그런데 소멸시효라니요? 법! 법? 이런 법을 만든 분들께선 물론 이렇게 힘없는 빽 없는 사람들은 아니었으니깐요. 유권무죄! 유전무죄! 입니다.

난 세상 사람들께 알려야 한다 여기고 이 글을 씁니다. 꼭 알려야 합니다. 이것이 대한민국 검찰, 경찰, 사법부입니다. 또한 국선변호사에 대한 남용을 알리려 합니다. 가해자들은 끊임없이 국선변호사를 선임 하더라구요. 네 사람이 살다 사랑한 사람! 세 사람과 이별을 했습니다. 제 마음을 ○지○ 판사는 이해한다고요? 어처구니가 없고 기가 막혔습니다. 2020년도엔 일 년을 시위하는데 제 인생의 에너지 절반은 쏟은 것 같아요.

어느 날 네티즌 한 분께서 ○관○ 페북을 보라면서 사진을 보내왔더군요. 그런데요. 대한민국 경찰복을 입고 턱을 괴고 ○○지구대장으로 근무한다고요. 옵션으로 가족들 자랑이 늘어졌어요. 제 가정을 풍비박산 시킨 원흉이요 그렇게 2020년에 시위한 대가는 가혹했습니다. 폭행과 고소에 고소. 2021년 현재 일 년 동안 경찰서, 검찰, 법정에 다니고 있습니다.

　어쩌면 소원을 절반은 이뤘습니다. 법정에서 판사님께 꼭 드릴 말씀을 올릴 수 있게 되었거든요. 성폭행은 12명한테 당했지만 우리 딸들을 죽게 만든 것은 ○관○! 이거든요. 대한민국 경찰들은 썩고 썩었습니다. 유전무죄! 유권무죄! 이니깐요. 증인요? 증거요? 제 딸들과 죽은 남편이 증인이고 증거입니다.

가해자들의 끔찍한 만행

　첫 번째 강간범인 ○택○(○영○). 첫째는 대학원 재학중 방학때 논문 준비중! 였습니다 둘째가 어느 날 "언니, 우리 심심한데 알바나 할까?" 그렇게 시작한 알바는 죽음의 알바가 되었습니다.

　집, 학교, 성당, 그렇게 맏딸로서 원칙과 정확함으로 책임감 강한 큰딸 가문의 자랑거리이었습니다. 유치원부터 대학원까지 지각 한 번 하지 않았고 상장도 놓친 적 없었던 똑똑하고 모범생이었습니다. 여성부 장관을 꿈꾸며 오로지 공부만 했었습니다. 어느 검사님께서 자살했었는데 검사님 자당님께서 하신 말씀으로는 내 아들은 공부만 하다 죽었다라고 하시더군요.

  네, 제 딸 소라 역시 공부만 하다 저승으로 가셨습니다. 제대로 쉬는 시간도 없었지요. 그렇게 보따리를 바리바리 싸 들고 알바에 갔던 내 딸 소라는 어느 날부터 미쳐갔습니다. 제정신이 아니었습니다. 정신줄을 놓아 버렸더라구요. 그렇게 만든 그 악마 살인자 강간범이 ○택○(○영○)입니다.

  참척의 슬픔과 단장의 아픔을 안고 오직 세상에 단 한 분이라도 알려야 하는 심정으로 첫 번째 강간범인 살인자의 만행을 한 글자씩 적으려 합니다. 함께 떠났던 동생은 덥다며 하동에서 서울까지 택시를 타고 집으로 왔었고 소라는 집에 가도 방학이니 수고한 대가를 받겠다며 남았던 그곳. 그렇게 죽음의 그림자가 드리우고 있었다. ○택○(○영○)는 저승사자였다. 악마 택○!

○택○(○영○)가 서울 와서 만나자 하니 사회 경험이 없는 소라가 상사라 여기고 나갔다 한다. 그렇게 생맥줏집에서 한 모금 마신 술에 지구가 뱅뱅 돌았다. 죽기 일주일 전 엄마께 마지막 한 말씀이었다. 민사소송 담당 변호사님 왈! 분명 약(물뽕)을 탔다아. 훗날 알았다. 그 약은 한 모금만 마셔도 정신도 물론 잃지만 서서히 치매가 온다 했다. 그토록 똑똑하고 아이큐 높아 상장을 놓친 적 없던 내 딸 소라가.

　언젠가 어느 날 둘째가 내게 한 말. "엄마, 언니가 길을 못 찾네요. 길을 잘 몰라요." 그렇다. 그렇게 서서히 뇌가 뇌의 세포가 소멸되고 있었다. 살인자 ○택○(○영○), 어떻게 그냥 둡니까? 내가 할 수 있는 것은 거지 만드는 것뿐입니다. 자본주의 국가에서 돈은 객관적입니다. 모든 수단을 동원해서 거지 만들 것을 세상에 공언 합니다.

　소라는 맏딸입니다. 100원 쓰는 것도 계산하고 아껴씁니다. 그런데 알바해서 돈 받는 날이면 어김없이 만나 이것저것 사달라 괴롭혔고 정신줄을 놓아버렸을 땐 지갑을 빼앗아 수많은 것들 샀었죠. 달력에 빼곡이 정신이 돌아오면 적어 놓았었죠. 제가 찾아오고 ○택○(○영○)를 만나 건네받은 것 집 찾아가서 돌려받은 것들 적겠습니다. 나이키 슬리퍼, MP3, 모자, 반바지, 티, 가방, 현금 160만 원, 소형 카메라, 선글라스, 시계…. 많죠? 제 손으로 찾아온 것입니다. 일부는 ○애○ 그 당시 5지부장이 ○택○(○영○)한테 넘겨 받아 내게 준 것들도 있습니다.

집 명의를 ○영○ 앞으로 해달라, 엄마를 많이 때려라 많이 많이 때려라 죽여라, 죽여야 함께 살 수 있다, 동생 코 뜯어라, 얼굴 망가뜨려라. 네, 많이 많이 맞다 견딜 수 없어 경찰에 신고하여 그렇게 정신병원에 입원하게 돼었습니다 병원 기록에도 있고 신고 받고 함께 정신병원 동행했었던 경찰관분들께서 증인이죠. 집 명의 ○영○으로 해주면 만나준다 만나준다, 함께 살 수 있다아….

세상에 이런 일이 있었음을 알리고 알립니다. 매 한 차례도 때리지 않고 욕 한 번 하지도 않았고 곱게곱게 키운 내 딸, 큰딸 보물 1호, 귀하게 귀하게 키운 소라를 강간 성폭행과 오직 돈 뺏으려 도구! 도구! 성의 도구로 삼아 정신줄을 놓아버리게 해놓고 제가 어떻게 그냥 둡니까? 마누라는 돈 잘 버니 마누라한테 얹혀 살다가 제가 죽기 전 날 ○택○(○영○)는 제 손으로 죽입니다. 그래야만 우리 딸들께서 저승에서 저를 맞이 하실 겁니다.

　전에는 녹음은 아무나 할 수 없었죠. 핸드폰에요. 그런데 소라가 한 차례 녹음해 둔 것이 있더라구요. 참으로 가슴 떨리고 손이 떨리고 지금도 녹취록을 읽으면 가슴을 후벼팝니다. 많이 가슴이 아픕니다. 여러분! 어떻게 제정신으로 견딥니까? 공부만 하던 애를 동거했었지? 결혼하고 이혼했었지? 애는 몇 명 낳았었냐? 라고 수없이 폭언과 폭행을 했으니 그 누군들 견딥니까? 용서 못 합니다. 죽일 겁니다.

가해자들과의 녹취록,
그리고 추악한 범행의 기록

① 큰딸이 생전 ○택○(○영○)와의 통화를 녹취한 기록. 소라가 잠깐 정신이 있을 때 녹취한 것으로 보인다.

○영○ (개명을 해서 현재는 ○택○) : (…) 야! 어, 하고 싶어서 그래? 넌 내가 앞으로 씨발 얘기하면 어떻게 될 거 같애? 너는 씨발 얘기만 하면!
야! 너는 내가 존나 우습게 들리는 거지 지금?
그지? 그러면, 아니야? 너는 지금 씨발 내가 얘기하는 게 존나 웃기게 들리니까 지금 내가 뭐래든 상관없이 지금 거기 붙어 있는 거 아냐 그지?
너는 SBS에서 한 번 걸레가 돼 봐! 너는 SBS에서 한 번 소문나 있는 걸레가 돼 봐! 넌 앞으로! 응?
너 지금 씨발 하는 행동이 뭐냐? 너는 씨발 너는 하라는 대로 해봐라 이거 아니야 지금 그지?

너 지금 뭐하고 있는 건데? 응? 너 지금 뭐하고 있는 거냐?
SBS는 존나 좁아도 MBC는 존나게 넓어!
내가 너에 대해 씨발 얘기하는 건 존나 우스울 거 같지?
너에 대해서 얘기하는 건 존나게 쉬워. 어?
내가 어디 있었을 거 같애? 내가 기술부에 있었어. 어?
내가 처음부터 진행부에서 AD 보조로 있었던 게 아니라.
내가 진행부에 있었어요. 미안하지만. 근데 아무렇지도
않지 지금 너는 어? 니가 나를 씨발 우습게 알지? 너에 대
해서 존나 다 까발녀 씨발년아. 야! (큰 소리로)
크게 얘기해 달라고? 어? 씨발년아! 내가 어떻게 해줄
까?! 내가 어떻게 해줄까?
어? (큰소리로 소리쳤음) 너 지금 나랑 해보자 이거지?
야! (큰소리로) 내가 크게 얘기해 줄게, 씨발년아!
한번 해보자는 거지? 지금! 어! 몇 지부냐구?
(큰소리로) 5지부지?
양소라는 씨발 존나 걸레더라! 양소라는 씨발 걸레더라!
양소라는 씨발 존나 걸레더라! 양소라는 씨발 걸레더라!
앞으로 한번 봐! 어? 앞으로 한번 봐! 알았지?
앞으로 한번 봐! 야! 앞으로 한번 봐! 알았지? 알았지? 어?

② 엄마(장연록)와 ○택○(○영○)와의 통화 녹취

엄마 : 나 소라 엄마에요.

○택○ : 예, 안녕하세요.

엄마 : 너 성기 작아? 안 작아? 성기 새끼손가락 한 마디보다 더 작다면서.

○택○ : (대답 없음)

엄마 : 내가 왜 니 어머니야. 응? 말해봐. 너 소라한테 뜯어간 돈이 얼마야? 소정이한테 160만 원 빌려서 너 줬다는 것도 적어 놓았구만! 너 막판에 소라한테 50만 원 짜리 티, 선글리스, 슬리퍼, 가방, 모자, 돈 160만 원, MP3. 모든 것 다 갖고 와.

○택○ : 예, 제가 가져갈 건데요. (큰소리로) 그러면 모든 것 다요, 다아요?

엄마 : 넌 소라한테 통화 하고 싶은 이유가 뭔데.

○택○ : 통화 하고 싶은 내용이 있어서요.

엄마 : 비 오는 날 우산도 없이 한 시간 이상 헤메고 돌아다니면서 우리 집 ○택○(○영○) 명의로 해달라 마구 때

리면서 너 그래도 나한테 잘못했다 안 할 래, 응?

○택○ : 이거 녹음되고 있거든요.

엄마 : 너들은 전부 다 녹음하더라, 어?

○택○ : 살아야 되니까요. 살아야 하니까요. (큰소리로) 어머니! 살아야 하니깐요.

엄마 : 소라한테 한약 한 박스 왜? 줬어?

○택○ : 생리통이 심하다고 그래서요.

엄마 : 내가 먹었더니 배가 아프던데? 이 약 무슨 약이야. 똑바로 말해. 너 거기 어딘데. 어딘데?

○택○ : 한약방이요?

엄마 : 한약방 어딘데?

○택○ : 대전에 있는 한약방이요

③ 2015년 04월 03일 민사재판 때 첫 번째 강간범이자 살인자인 ○택○(○영○)와 변호사와의 문답

변호사 : ○○캐스팅○에서 피고가 하던 일은 뭐였나요?
○영○ : 드라마 촬영하는 그 진행을 맡았습니다.
변호사 : 피고가 망인 양소라 씨하고 양소정 씨를 처음 만난 때는 언제, 어디서였나요?
○영○ : 처음 만난건 SBS 드라마 〈○○〉 촬영하는 그때 처음 만난 걸로 기억하고 있습니다.
변호사 : 피고가 처음에 양소라 씨를 만났을 당시에 양소라 씨는 어떤 성격이였나요?
○영○ : 조용했습니다.
변호사 : 2004년 8월과 9월 사이에 양소라 씨로부터 선글라스, MP3, 티셔츠, 라이터, 가방, 돈 160만 원, 모자. 이런 거 선물로 받은 사실이 있어요?
○영○ : 티셔츠 하나 있는 걸로 기억합니다.
변호사 : 당시에 양소라 씨하고 사귀는 사이였던 거예요?
○영○: 네.
변호사 : "SBS 방송국, MBC 방송국에 전부 소문내겠다.

동영상 유포한다. 니가 걸레라고 소문내겠다."라고 명확하게 협박한 내용이 있습니다.

○영○ : 기억이 안 납니다.

변호사 : 한약을 왜 지어주셨나요?

○영○ : 왜 줬는지는 정확히 잘 기억이 나지 않습니다.

변호사 : 피고 ○선○하고, 피고 ○요○은 말하기를 "피고 ○영○이 양소라와 먼저 성관계를 가졌다."라고 얘기를 경찰조사 당시에 했어요. 그 본인 입으로 직접 ○선○하고 ○요○한테 얘기를 했다고 하던데 그런 사실이 없어요?

○영○ : 없습니다.

변호사 : 세 번 정도 만났고? 두세 번 정도 만난 사람한테 한약을 줘요? (법정은 야유로 가득찼다.) 종로5가 사랑방 모텔에 약을 술을 먹여 비틀거리는 양소라를 강제로 끌고 들어가 강간을 하려다가 저항하자 칼로 얼굴에 상처를 내겠다. 소주병으로 음부를 도려내겠다 등의 협박해 강간을 한 사실 있나요?

○영○ : 없습니다.

변호사 : 생전에 망인 양소라가 12명 피고들 중 가장 크게

원망했던 사람이 바로 이고 ○영○의 범죄 사실을 가장 자세히 진술한 바 있습니다. 그 이유인 즉슨, "○영○ 연락을 받고 나갔더니 ○영○은 없고, 다른 피고들이 기다리고 있었고, 약을 탄 술을 먹여 그들로부터 강간을 당했기 때문이다."라는 겁니다.

○영○ : 없습니다.

* * *

○영○은 기억이 나지 않는다, 잘 모른다는 말만 68번! 강제추행 11회, 강간 7번. 확실한 증거있는데, ○영○이가 엄마 죽인다, 동생 팔아 넘긴다, 집에 불 지른다고 하여 검찰에서 고소를 취하했기에 처벌을 줄 수가 없었습니다, 이젠 엄마인 제가 개개인으로 처벌할 것입니다. ○영○은 이렇게 모든 사실을 모른다, 기억이 나지 않는다. 제정신 아닌 내 딸을 불러내어 이놈 저놈한테 넘기고 또 넘기고. 아예 정신이 돌아올 수 없게 계획적으로 조직적으로 악랄하게 악마짓을 해놓고 딱 2번 만났다. 방송에다 떠들어대는 강간범! 살인자!
엄마의 이름으로 눈감는 직전까지 싸울 것입니다. 지구촌 여러분들, 도와주십시오. 이 기막힌 내 딸들, 두 딸들의 억울한 죽음을요! 민사재판 결과! 모든 강제추행, 강간의 혐의는 인정한다. 공소시효! 처벌은 불가하다…. 세 사람이 죽고난 뒤 몇 년을 앓고나니 소멸시효! 소멸시효가 어울립니까?? 여러분! 일본은 소멸시효가 없는데 대한민국은 왜? 필요합니까요?

④ 2번째 강간범 ○태○ 및 ○애○과의 녹취록

엄마 : 태○이가 때린 게 귀가 지금 되게 아프네.
○애○ : 병원에 안 가셔도 되요?
엄마 : 돈이 있어야 가죠
○태○ : 내일부터 전화한다 하면 가만 안 놔 둘거에요.
○애○ : 아니에요, 흐흐흐흐. (웃음)
○태○ : 아무리 못 배운 여자라고 새벽에 전화해. 또라이. 못 끊어? (큰소리로)
○애○ : 흐흐흐, 하하하하. (웃음) 아니에요. 내일 제가 영○이 오면 물건들 받아놓을테니까 사무실에서 뵐게요. 제가 알고 있다고 얘기했잖아요. 그러니까 요○(도○)이를 앞으로 빼 주세요.
○태○ : 바보 같은 년아, 병원에 가봐.
엄마 : 근데 그렇게 욕을 해요.
○태○ : 경찰에다 고발해 미친년아. 지랄하지 말고. 백날 얘기해 봐야 소용이 없어. 그리고 전화하지 마. 쪽팔리니까. 인생을 그렇게 살아.
○애○ : 사장님이 그 저기 ○요○(도○)이, ○성○이, 아

니 ○우○이라는 사람이 있는데, 오래된 반장인데 그 사람한테 얘기해 갖고 지금 그 소라 엄마, 소라 어머니랑 다 합의해 갖고 어떻게 할 건가. 법적으로 갈 건가, 아니면 응, 무릎 꿇고 용서를 구하라.

[다음 날]

엄마 : 티하고 이것저것 모든 것 ○택○(○영○)가 갖다 놓았어요.
○애○ : 예, 지금 제가 받아 놨는데 어머니 언제 오실 거예요? 오실 때 우○이, 사장님이 이 사람을 보냈어요. 이 사람보고 어머니 만나서 어떻게 해야 되는 걸 좀 하고, 소라, 저기 또 무슨 입장인가 내가 얘길 했어요. 그랬더니 한 번 가서 들어 봐야 되겠다. 그래서 같이 가는 걸로 지금 알고 있거든요.
엄마 : 경복궁 쪽 그 어느 주위에서 전화하세요, 찻집에서.
○애○ : 여기 반장들 맘에 드는 애들 한 사람씩 전화해서 그런 식으로 해 먹는다고. 제가 아, 그런 거 반장들 그런

거 좀 있다고. 여기저기 세계 오래 일하다 보면은 반장들한테 안 좋은 일이 많이 있다고 음, 그렇게 얘기했죠. 이런 일이 많지, 많고 많은데 예. 어머니는 캐고 들어가니까 이게 저기 되는 거고.

엄마 : 캐고 들어가는 게 아니라 애가 지금 망가졌잖아요.

○태○ : 얘야, 내 말좀 들어봐. 난 의사야 의사,

엄마 : 누구세요.

○태○ : 누구긴 또라이야. 5지부장 부군이지. 남편! 법정에서 보게. 흐하하하, 흐흐흐흐, 흐흐흐흐. (웃음) 당신만큼 못 배웠을라고 흐흐흐흐흐. 똑바로 인생 살으라고.

엄마 : 너는 어 너는 성기도 안 선다매. 소라를 하루 종일 굶기고 때리면서 3일을 감금하고 빨았다매.

○태○ : 법정에서 얘기하자고. 빨아줘서 고맙다, 뭐 여기저기 뭐 딸한테 누가 서겠어? 어? 생각을 해 봐. 바보 아닌 이상 나도 알겠다. 그러지 말고 우리 친구하게. 정신 연령도 똑같은 거 같은데 친구 하게. 왜? 혼자 사는지 알겠다. 또라이하고 친구하면 내가 바보지 바보야. 흐흐흐흐흐, 하하하하하. 병신 또라이년!

* * *

통화할 적에 테이프에 녹음하는 것을 작은 애가 함께 해줬죠. 이 때 큰애는 정신병원 폐쇄병동에 입원 중이었습니다. 어떻게 그냥 둡니까? 엄마 장연록은 결단코 처벌! 천벌! 받게 할 것입니다. 어느 날 회사 찾아 갔던 날. 내 딸을 수 차례 성폭행 하고 때린 강간범을 옆에 두고도 알아볼 수는 없었다. 5지부장한테 눈짓을 하니 알려 줬다. 난 자판기에서 커피를 뽑았다. 얼굴은 시커멓고 찢어진 눈은 치켜 올라가 있고 술 냄새가 진동을 한 낯짝에다 커피를 부으려다 실패하고 1층까지 끌려 내려와서 죽도록 맞았다. 말리는 이는 그 누구도 없었다. 끼리끼리, 그 바닥의 카르텔이었다. 신고를 했었다. 늙은 경찰들이 우루루 왔었는데 대뜸 한 마디 한 말, 진단서 끊어서 경찰서에 고소하라며 사라졌다. 그렇게 고소를 했었는데 훗날 큰딸은 가해자들의 협박에, 담당 검사의 협박에 이미 적혀진 양식에 엄마 모르게 취하를 시켰었고 1주일 후 나를 불러 담당 검사 왈! 이 모든 사건 깔끔하게 처리하자며 검사 왈! 자기 펜대 하나에 우리 집 거지 만들 수도 있으니 벌금 내는 돈으로 삼 모녀는 잘 먹고 살라며 취하하라 했다. 똑같은 양식에

2장 중 한 장은 검사가 시켜서 취하하지 않았다는 것에 사인하라고 한 것. 그렇게 2장으로 취하를 하고 말았다.

난 머릿속이 하얗게 무뇌충이 되었지만 가해자들 12명의 인적상황과 전화번호를 달라고 해서 교환했었다. 오늘날 그때 받은 주민번호를 지금껏 활용하고 있다. 그 당시 담당 검사는 JTBC 〈이규연의 스포트라이트〉 144회 방송 인터뷰 촬영 때 PD들이 찾아갔는데 불미스런 일로 명예퇴직하고 쉬면서 변호사 사무실을 낼 준비 중이라 했다. ○○ 검사. 언젠간 죗값을 받으리라 믿는다.

2번째 강간범에 살인자는 악마이다. 내가 기억하는 것은 입만 열면 육두에다 언제나 술 냄새가 진동을 했다. 여의도 회사 앞에서 시위하다 명예훼손으로 고소를 당해 법정에 증인으로 왔을 적에도 법정 안이 온통 술 냄새로 꽉 찼다고 해도 과언이 아니었다. 난 시시때때로, 수시로 마포구 신수동 성원아파트 102동 10×호에 거주하는 3번째 강간범인! 살인자! 아파트에 시위하러 간다. 절대 ○태○은 이사를 갈 수 없다. 여러 명이 거주한다. 아니 공동투자이다. 팔면 쪼가리 돈이라 가지고 갈 곳이 없다. 아무리 소문나고 쪽팔려도 워낙 낯짝이 두꺼워서요. 그렇게 제가 사는 동안 그곳으로 시위하러는 다닐 것이다.

⑤ 3번째 강간범 ○선○의 범죄에 대한 막내의 경찰 증언

문 : ○선○ 의 위법 사실에 대하여 진술하세요.
답 : 언니가 2004년 11월 부터는 잠도 못 자고, 약을 한 주먹씩 먹던 때인데 외출을 절대 못 한다는 의사 선생님의 지시가 있었는데, 같은 달 18일 오후 5시경에 ○선○에게 전화가 오자 언니가 가위로 엄마, 엄마 옆구리를 긁고, 우측 집게 손가락 등을 삐게 하고 도망나가자 제가 5지부장(○○캐스팅○넷 ○애○)에게 전화를 하였는데, 5지부장이 하는말이 ○선○ 또는 ○태○과 ○선○의 전화번호를 알려주어서 제가 ○태○에게 전화를 하였더니 또라이 같은 년이라고 욕을 하면서, 같이 있지 않았다고 하였으며, ○선○에게 전화하였더니 같이 있지 않았다고 하였습니다. 그리고 그날 밤 10시경에 귀가하였습니다.
문 : 그런데 나중에 어디에 있던가요.
답 : ○선○와 함께 잠을 잔 것입니다. 양소라는 아니라고 하는데 ○선○가 시인하였습니다. 정신이상자를 전화로 나오라고 하여 성관계를 가진 것이 ○선○의 잘못입니다.
문 : ○선○의 위법이 추가로 있나요.

답 : 양소라가 당시 생리 중이였는데 ○선○의 ○○는 엄청 크다고 했어요. 그런데 그 ○○를 빨아 달라고 하고 억지로 성관계를 하여 생리로 인한 하혈이 심하였다고 합니다.

⑥ 엄마, 막내와 ○선○과의 녹취

엄마 : 그래, 니가 맘에 들어서 사귀고 싶으면 성행위를 정상적으로 해야지 그게 무슨 짓이야. 그렇잖아 뒤로 하고 앞으로 하고 생리하는 데 뭐하는 짓이야. 그게 맘에 들어서 하는 거냐. 마음에 들었으면 아껴야지 그 경함도 없는 애를, 어?
○선○ : 잘못했죠. 잘못했죠.
엄마 : 순진한 애를, 애가 무슨 사회 경험이 있냐, 무슨 뭐 어디 남자 경험이 있길 하냐. 순진해 보이면 니가 정식으로 사귀고 싶으면 나한테 통보를 하고 정상적으로 사귀어야지 어떻게 잠자는 연습부터 해. 그건 아닌 거잖아.
○선○ : 예, 잘못했죠.

[중략]

엄마 : 내가 소라가 아파서 중요한 약을 먹고 음성도 어눌하고 이 가방, 이런 거 다 가져 갔는데 길거리에서 힘 풀려 가지고 차에 치이면 어쩌나. 또 가방을 이런 거 다 버리고 집으로 못 찾으면 어쩌나. 이렇게 걱정이 되어서 같이 있으면 얼른 보내 달라고 전화해도 절대로 같이 없다 그랬죠. 근데 그 날 같이 여관까지 갔지?
○선○ : 예, 영화도 같이 보고.
엄마 : 생리해 가지고 피가 뚝뚝 떨어지는데. 어. 불 켜놓고 그러고서 했다며.
○선○ : 죄송해요, 잘못했다구요.
엄마 : 그 날 이후로 3일 동안 소라는 감금당했다는 얘기야.
○선○ : 아, 그 얘기는 ○태○한테 그 얘기는 해 드릴 수 있어요. 그 얘기는 해 드릴 수 았다구요.
소정 : 11월 18일날 뭐 했는지 기억 안 나세요?
엄마 : 여관 갔다가 영화 봤지, 너?
○선○ : 영화 봤어요.

소정 : 근데 절대로 안 봤다고 그랬죠, 엄마한테.
엄마 : 그날(11월 18일) 소라가 중요한 약을 먹고 갔으니까 빨리 보내라 이랬더니 분명히 같이 안 있었다고 했는데 넌 여관까지 갔다가 목욕하고 나왔어. 목욕하고 나왔다고. 너 왜 그랬어?
○선○ : 영화 보려고.
소정 : 영화만 보면 되는데 여관에 왜 갔냐.
○선○ : 씻고 바로 나와서, 영화 보러.

⑦ 엄마와 4번째 강간범 ○도○(요○), 그 부인과의 녹취록

엄마 : 여보세요.
○도○ : 네.
엄마 : 여관 갈 적에 술 마셨어요?
○도○ : 네 술 마셨어요.
엄마 : 그래, 그 술에다 뭘 탔는지도 소라는 모르잖아.
○도○ : 소주 한 병밖에 마시지 않았어요.

엄마 : 소라 소주, 술 못 먹어요.

○도○ : 알아요. 주인도 알아요.

엄마 : 여관 주인이 아는 사람이에요?

○도○ : 네.

엄마 : 부인이 나한테 전화 온 것 알아요?

○도○ : 이미 알고 있어요. 지금 임신해 있는 사람이에요.

엄마 : 니 마누라 임신해 있는 것은 아깝고 그따위로 시집도 안 간 애를, 학교 다니는 애를 그 따위로 해놓고 그것은 당당한 거냐?

○도○ : 저희들은 서로 좋아해 가지고 이렇게 한 거지.

엄마 : 그때 이미 환자인데, 개념이 없는데.

○도○ : 유부남을 아, 하하하하. (웃음) 여기 아가씨들 다 유부남을 좋아해요.

엄마 : 내가 마누라한테 가서 모양하고 사이즈하고 얘기를 한다고 했을 적에 그때 니가 잘못했다고 회사 구석 캐비넷 옆에서 무릎 꿇고 잘못 했다고 빌었잖아.

○도○ : 지금 제가 알기로는, 제가 사무실에서 듣기로는 소라하고 택○(영○) ,태○이하고 둘이 사랑을 했다며요.

엄마 : 전화를 왜 끊냐구요.

○도○ : 우리 와이프 얘기 듣고 돌아 버렸잖아요. 지금 이거 간통으로 넣는다고 그러니까.

엄마 : 간통으로 처벌해. 야. 아니 그러면은 동영상으로 딸딸이 친 것을 소라를 왜 보여줬어.

○도○ 부인 : 내 말 들어! 딸년 간수를 어떻게 해 다지고 세상에 몸을 함부로 굴리게 만들어 응! (큰소리로) 누구를 엮어 내려고 난리야. 응! 니 딸년 관리나 잘 해. 어디를 기어 나와 가지고 내일 당장 가서 니 딸년하고 같이 집어넣어. 회사 가서 조사받고 같이 들어가서 잘 살라고 그래, 그리고 회사에 가서 사람들 앞에서 개망신 줬다고. 당신도 똑같이 니 딸년을 고소 할꺼니까. 그리고 합의 하에 했는데 무슨 강간죄 어쩌고저쩌고. 야! 죄도 없는데 그렇게 몰아가는 거 무고죄인 줄 알어. 알았어? 누구 병신으로 알어 지금, 확.

엄마 : 흥분하지 말고 들어. 너 딸 낳을 거지.

○도○ 부인 : (큰소리로) 야! 그런 딸 낳고 큰소리치고 좋겠다. 나 열 받게 하지 말라고. 열 끝까지 오르면 어떻게 할지 모르니까, 알았어? 응. 니 딸년이 처음부터 다음에

만나면 한번 주겠다고 그랬대. 어디다 덮어 씌워. 내 말 안 들어? (큰소리로 3번) 씨팔년!

| 나는 고발한다 |
단역배우 두 자매 성폭력 사건
어머니 장연록의 15년 외침
ⓒ장연록 Printed in Seoul
2024년 07월 02일

지은이 | 장연록
발행인 | 박찬우
편집인 | 우 현
펴낸곳 | 생명의우물가

등록번호 | 제313-2006-000085호
서울특별시 마포구 서교동 357-1 서교프라자 318
전화 | 02-333-8311
팩스 | 02-333-8326
메일 | adam3838@naver.com

가격 10,000원
ISBN 979-11-966154-9-9 (03330)

딸들의 죽음에 대한 진실을 밝히기 위한
유튜브를 계속 운영 중입니다.
책을 읽은 뒤에 꼭 찾아와주시면 감사하겠습니다.

https://www.youtube.com/channel/UCVZxkvXFBn_tyRr9tr-jBRQ